近代精神文化系列

留学史话

A Brief History of
Chinese Studying Abroad

刘志强　张学继／著

社会科学文献出版社
SOCIAL SCIENCES ACADEMIC PRESS (CHINA)

图书在版编目（CIP）数据

留学史话/刘志强，张学继著．—北京：社会科学
文献出版社，2011.12
（中国史话）
ISBN 978 – 7 – 5097 – 2795 – 9

Ⅰ.①留…　Ⅱ.①刘…　②张…　Ⅲ.①留学教育 -
教育史 - 中国 - 近现代　Ⅳ.①G649.29

中国版本图书馆 CIP 数据核字（2011）第 216112 号

"十二五"国家重点出版规划项目

中国史话·近代精神文化系列

留学史话

著　　者／刘志强　张学继

出 版 人／谢寿光
出 版 者／社会科学文献出版社
地　　址／北京市西城区北三环中路甲 29 号院 3 号楼华龙大厦
邮政编码／100029

责任部门／人文科学图书事业部　（010）59367215
电子信箱／renwen@ssap.cn
责任编辑／赵云田　宋淑洁
责任校对／黄　丹
责任印制／岳　阳
总 经 销／社会科学文献出版社发行部
　　　　　（010）59367081　59367089
读者服务／读者服务中心（010）59367028

印　　装／北京画中画印刷有限公司
开　　本／889mm×1194mm　1/32　印张／6
版　　次／2011 年 12 月第 1 版　　字数／118 千字
印　　次／2011 年 12 月第 1 次印刷
书　　号／ISBN 978 – 7 – 5097 – 2795 – 9
定　　价／15.00 元

总　序

　　中国是一个有着悠久文化历史的古老国度，从传说中的三皇五帝到中华人民共和国的建立，生活在这片土地上的人们从来都没有停止过探寻、创造的脚步。长沙马王堆出土的轻若烟雾、薄如蝉翼的素纱衣向世人昭示着古人在丝绸纺织、制作方面所达到的高度；敦煌莫高窟近五百个洞窟中的两千多尊彩塑雕像和大量的彩绘壁画又向世人显示了古人在雕塑和绘画方面所取得的成绩；还有青铜器、唐三彩、园林建筑、宫殿建筑，以及书法、诗歌、茶道、中医等物质与非物质文化遗产，它们无不向世人展示了中华五千年文化的灿烂与辉煌，展示了中国这一古老国度的魅力与绚烂。这是一份宝贵的遗产，值得我们每一位炎黄子孙珍视。

　　历史不会永远眷顾任何一个民族或一个国家，当世界进入近代之时，曾经一千多年雄踞世界发展高峰的古老中国，从巅峰跌落。1840 年鸦片战争的炮声打破了清帝国"天朝上国"的迷梦，从此中国沦为被列强宰割的羔羊。一个个不平等条约的签订，不仅使中国大量的白银外流，更使中国的领土一步步被列强侵占，国库亏空，民不聊生。东方古国曾经拥有的辉煌，也随着西方列强坚船利炮的轰击而烟消云散，中国一步步堕入了半殖民地的深渊。不甘屈服的中国人民也由此开始了救国救民、富国图强的抗争之路。从洋务运动到维新变法，从太平天国到辛亥革命，从五四运动到中国共产党领导的新民主主义革命，中国人民屡败屡战，终于认识到了"只有社会主义才能救中国，只有社会主义才能发展中国"这一道理。中国共产党领导中国人民推倒三座大山，建立了新中国，从此饱受屈辱与蹂躏的中国人民站起来了。古老的中国焕发出新的生机与活力，摆脱了任人宰割与欺侮的历史，屹立于世界民族之林。每一位中华儿女应当了解中华民族数千年的文明史，也应当牢记鸦片战争以来一百多年民族屈辱的历史。

当我们步入全球化大潮的 21 世纪，信息技术革命迅猛发展，地区之间的交流壁垒被互联网之类的新兴交流工具所打破，世界的多元性展示在世人面前。世界上任何一个区域都不可避免地存在着两种以上文化的交汇与碰撞，但不可否认的是，近些年来，随着市场经济的大潮，西方文化扑面而来，有些人唯西方为时尚，把民族的传统丢在一边。大批年轻人甚至比西方人还热衷于圣诞节、情人节与洋快餐，对我国各民族的重大节日以及中国历史的基本知识却茫然无知，这是中华民族实现复兴大业中的重大忧患。

中国之所以为中国，中华民族之所以历数千年而不分离，根基就在于五千年来一脉相传的中华文明。如果丢弃了千百年来一脉相承的文化，任凭外来文化随意浸染，很难设想13亿中国人到哪里去寻找民族向心力和凝聚力。在推进社会主义现代化、实现民族复兴的伟大事业中，大力弘扬优秀的中华民族文化和民族精神，弘扬中华文化的爱国主义传统和民族自尊意识，在建设中国特色社会主义的进程中，构建具有中国特色的文化价值体系，光大中华民族的优秀传统文化是一件任重而道远的事业。

当前，我国进入了经济体制深刻变革、社会结构深刻变动、利益格局深刻调整、思想观念深刻变化的新的历史时期。面对新的历史任务和来自各方的新挑战，全党和全国人民都需要学习和把握社会主义核心价值体系，进一步形成全社会共同的理想信念和道德规范，打牢全党全国各族人民团结奋斗的思想道德基础，形成全民族奋发向上的精神力量，这是我们建设社会主义和谐社会的思想保证。中国社会科学院作为国家社会科学研究的机构，有责任为此作出贡献。我们在编写出版《中华文明史话》与《百年中国史话》的基础上，组织院内外各研究领域的专家，融合近年来的最新研究，编辑出版大型历史知识系列丛书——《中国史话》，其目的就在于为广大人民群众尤其是青少年提供一套较为完整、准确地介绍中国历史和传统文化的普及类系列丛书，从而使生活在信息时代的人们尤其是青少年能够了解自己祖先的历史，在东西南北文化的交流中由知己到知彼，善于取人之长补己之短，在中国与世界各国愈来愈深的文化交融中，保持自己的本色与特色，将中华民族自强不息、厚德载物的精神永远发扬下去。

《中国史话》系列丛书首批计 200 种，每种 10 万字左右，主要从政治、经济、文化、军事、哲学、艺术、科技、饮食、服饰、交通、建筑等各个方面介绍了从古至今数千年来中华文明发展和变迁的历史。这些历史不仅展现了中华五千年文化的辉煌，展现了先民的智慧与创造精神，而且展现了中国人民的不屈与抗争精神。我们衷心地希望这套普及历史知识的丛书对广大人民群众进一步了解中华民族的优秀文化传统，增强民族自尊心和自豪感发挥应有的作用，鼓舞广大人民群众特别是新一代的劳动者和建设者在建设中国特色社会主义的道路上不断阔步前进，为我们祖国美好的未来贡献更大的力量。

陈奎元

2011 年 4 月

目 录

一　留学政策的演变

1　清末留学政策

中国是一个文明古国，在长达数千年的文明史中，中国文化一直居于世界先进行列，因此，逐渐形成了以"天朝上国"自居的观念。但自19世纪中叶后，世界历史的进程出现了急剧的变化。欧美各国以工业革命为起点，近代科学技术迅速转化为生产力，新兴的资产阶级还建立了一整套维护自己利益的政治制度和意识形态，欧美诸国迅速发展成为资本主义强国。

与此相反，统治中国的清王朝自雍正年间起，实行彻底的闭关锁国政策，使中西文化交流的渠道中断。这一时期，清朝统治者对知识分子采取反动的高压政策，大兴文字狱，株连无辜。在清王朝文化专制主义的高压政策下，士大夫们噤若寒蝉，被迫埋首于古典经籍的考订，以至考据学在清代中叶以后异常发达，蔚为大观，这与西方近代科学的日新月异形成鲜明强烈的对比，中国文化已大大落后于世界历史的进程。

"落后就要挨打"，这是一条不以人的意志为转移的客观规律！1840 年，西方第一个实行工业革命的国家——英国首先向中国挑战，拥有洋枪洋炮的数千英国军队将中国军队打得落花流水，迫使清朝政府于 1842 年签订城下之盟——《中英南京条约》，这是清政府签订的第一个不平等条约。从此，西方列强接踵而至，迫使清王朝签订了一系列不平等条约。西方列强通过这些不平等条约，控制了中国的政治、经济命脉，中华民族面临被西方列强瓜分的危机。

民族危亡的命运，牵动着每一个有血性的中国人的心。如何救亡图存，迫使一切爱国者来作出回答。而出国留学，则被朝野有识之士视为挽救民族危亡的途径之一。留学救国成为忧国忧民之士的共同呼声，他们指出："惟游学外国者，为今日救吾国惟一之方针。"清朝政府中的一些开明的封疆大吏从"留学救清廷"的角度出发，也极力鼓吹派遣留学生。在这方面，洋务派的后起之秀、湖广总督张之洞的言论最具代表性。1898 年，张之洞著《劝学篇》，以很大篇幅论述了游学的必要性。他指出："明时势，长志气，扩见闻，增才智，非游历外国不为功也。"接着，他以古今中外的事例论证了这一观点。他说：

出洋一年，胜于读西书五年，此赵营平百闻不如一见之说也。入外国学堂一年，胜于中国学堂三年，此孟子置之庄岳之说也。游学之益，幼童不如通人，庶僚不如亲贵。尝见古之游历者矣，晋文公在外十九年，遍历诸侯，归国而霸。赵武灵王微服游秦，归国而强。春秋战国，最尚游学，贤如曾子、左丘明，才如吴起、乐羊子，皆以游学闻。其余策士杂家，不能悉举。后世英主名臣，如汉光武学于长安，昭烈周旋于郑康成、陈元方。明孙承宗未达之先，周历边塞，袁崇焕为京官之日，潜历辽东，此往事明效也。请论今事：日本小国耳，何兴之暴也！伊藤、山县、榎本、陆奥诸人，皆二十年前出洋之学生也，愤其国为西洋所胁，率其徒百余人，分诣德、法、英诸国，或学政治工商，或学水陆兵法，学成而归，用为将相，政事一变，雄视东方。不特此也，俄之前主大彼得，愤彼国之不强，亲到英吉利、荷兰两国船厂，为工役十余年，尽得其水师轮机驾驶之法，并学其各厂制造；归国之后，诸事丕变，今日遂为四海第一大国。不特此也，暹罗久为法国涎伺，于光绪二十年，与法有衅，行将吞并矣。暹王感愤，国内毅然变法，一切更始；遣其世子游英国，学水师……暹王亦自通西方西学，各国敬礼有加，暹罗遂以不亡。上为俄，中为日本，下为暹罗。中国独不能比其中者乎？

张之洞的议论，有理有据，深深打动了清朝最高统治者的心。光绪帝谕令军机处，将《劝学篇》"广为刊布"，各省督抚、学政人手一册。张之洞的《劝学篇》成为日后清王朝鼓励留学政策的张本。

光绪二十七年八月初五（1901 年 9 月 17 日）清廷

发布《广派游学谕》称："造就人才，实系当今急务。前据湖南、湖北、四川等省选派学生出洋肄业，著各省督抚一律仿照办理。务择心术端正、文理明通之士，遣往学习，将一切专门艺学，认真肄业，竭力讲求。学成领有凭照回华，即由该督抚学政，按其所学，分门考验。"这道上谕，表明清政府将鼓励留学提上了议事日程。概括起来，清末留学政策大体有以下几点内容。

对出国留学生授予功名与官职 光绪二十九年八月十六日（1903年10月6日），清廷转发张之洞拟定的《奖励游学毕业生章程》。该章程规定：留日归国学生在日本普通中学堂5年毕业，并得有优等文凭者，给予拔贡出身，分别录用。在日本文部省直辖高等各学堂或程度相当之各项实业学堂三年毕业，得有优等文凭者（在学前后共8年），给以举人出身，分别录用。在日本国家大学堂或程度相当之官设学堂，三年毕业，得有学士文凭者（在学年限10年或11年），给以翰林出身；在日本国家大学院5年毕业，得有博士文凭者（学习期限16年），除给以翰林出身外，并予以翰林升阶。除此以外，凡在日本文部大臣所指定的日本私立学堂毕业者，视其所学程度，一体酌给举人出身，或拔贡出身。游学生原有翰林、进士、举人、拔贡出身者，各视其所学程度，给以相当官职。

奖励职官出国游历与游学 清政府推行新政，需才孔急。等待留学生毕业回国服务，有缓不济急之感。在这种情况下，张百熙、荣庆与张之洞于光绪二十九年十一月二十六日（1904）联名上奏《请奖励职官游历游学》，奏折指出：如宗室勋戚以及王公之子弟，暨内外职官，无论实缺候补，能自备资斧，出洋游学，由普通而达专门，考求实在有用之学，得有彼国学堂毕业凭照者，回国后尤宜破格奖励，立予擢用。宗室勋戚以及王公子弟，暨内外职官出洋游学毕业者，回国后分别学业等差，其最优者翰林或比照大考一二等例，优予升擢；阁部院寺司官实缺者，或比照方略、会典等馆差例，优予升擢；或准列入京察；一等候补者，照特旨班遇缺即补；次优者略减。外官亦照异常劳绩最优班次，分别予以升迁补缺。其游学西洋者，道远费重，应格外加优。游历奖励，比游学应减一等。凡出洋游历游学人员，并准一概免扣资俸。

废科举，代之以留学毕业考试　1904 年，清政府举行了最后一次科举考试，刘春霖、朱汝珍、商衍鎏成了末代状元、榜眼、探花。

光绪三十一年八月（1905 年 9 月）清廷发布《立停科举以广学校》上谕，规定："著即自丙午科为始，所有乡会试一律停止，各省岁科考试亦即停止。"自隋唐以来，科举制是支撑中国官僚政治的一大杠杆。在封建社会，所需之才是饱读四书五经的"通才"，但进入近代以后，在西方资本主义入侵的情况下，社会需要的是适应时变的人才，即能懂西学西艺的新型知识分子，传统的人才已失去其功能。科举制的正式废除，是我国教育史上的一个重大转折，具有重大历史意义。

清政府废除科举后，学部仿照外国高等文官考试制度，于光绪三十二年八月十五日（1906年10月2日）制定了《考验游学毕业生章程》。该章程规定，将学成考试与入官考试分开。学部只组织学成考试，考试及格，只授予科名，不授官职。然后，由京外衙门和各部院，就考生所分之科，分别调用，加以试验后，再奏请录用实官。学部认为，采用这种办法，可使国家教育进步，政治修明。章程规定：毕业生考试最优等者给予进士出身，考列优等及中等者给予举人出身。习文科者准称文科进士、文科举人，习法科者准称法科进士、法科举人，医科、理科、工科、商科、农科仿照此称呼。同时，学部还奏准，每年八月初五为归国留学生考试时间。据统计，从光绪三十二年（1906）至宣统三年（1911）止，清政府先后举办六届留学毕业生学成考试，及格的共1374名。按等第计，最优等161名，优等315名，中等898名。

至于廷试（入官考试）方面，清政府宪政编查馆和学部于光绪三十二年（1907）十二月二十日制定了《游学毕业生廷试录用章程》，光绪三十四年三月二十五日又制定了《游学毕业生廷试事宜》。这两个章程规定：凡经学部学成考试合格，奉旨赏给进士、举人出身的留学毕业生，均可于次年春天（四月）在保和殿参加廷试。进士廷试列一等者，授予翰林院编修或检讨；进士廷试列二等者，授予翰林院庶吉士；进士廷试列三等与优等举人廷试列一等者，授予主事，按照所学科目分部学习；优等举人廷试列二等与中等举人廷试列一等者，授予内阁中书；优等举人廷试列三等者，以知县分省即用；中等举人廷试列二等者，授予七品小京官，按照所学科目分部学习；中等举人廷试列三等者，授予知县，分省试用。从光绪三十四年（1908）起至宣统三年（1911）止，清政府先后举办四届留学毕业生廷试，共录取廷试合格学生 824 名，均授予与其等第相应的官职。其中第一届（光绪三十四年）录取 40 名，第二届（宣统元年）录取 102 名，第三届（宣统二年）录取 238 名，第四届（宣统三年）录取 444 名。

清政府所采取的种种措施，有力地促进了留学事业的发展。在当时的情况下，出国留学成为青年学子的最好出路。有人回忆说："家庭环境好的出国留学（日本最多），其次就地投考学校，没有钱的就投入新军当兵。"秋瑾在写给其大哥的一封信中也说："今日世界谋事，非知洋务不可；若能出洋留学数年，谋事较易。"

②　北洋政府时期的留学政策

否定了清朝末年的教育方针，确立了民国的教育方针，改变了留学宗旨　考察北洋政府时期的留学政策是一件比较困难的事情。北洋政府没有集中阐明留学政策的文件。北洋政府没有人再像清朝末年曾国藩、李鸿章、张之洞、张百熙那样大声疾呼，披沥陈词，历数留学生的派出对改变民族命运之重要。这一时期的大总统也不像光绪帝那样对留学教育有过那么多的批示。北洋政府的留学政策都夹杂在教育部发出的关于派遣留学生规程和留学生管理办法之中，不细致考察，很难看出它较之清末有什么新举措。从表面上看，北洋政府时期在国外留学生数量有时还没有清朝末年多，所以有人总以为北洋政府时期的留学教育不如清末发达。其实不然，北洋政府时期的留学教育较之清末有着重大变化，或者说有着质的不同，它主要表现在整个教育宗旨完全有别于清末的教育宗旨，因此，在派遣留学生的审核条件、国外管理和回国考核方面都相应地发生重大变化。

清朝末年，统治阶级内部不少人认为非改革不可。1872 年沈葆桢、李鸿章关于闽广学生出洋学习的奏折讲到派人出国留学的目的只是"使西人擅长之技，中国皆能谙悉"。1898 年张之洞在《劝学篇》中提出新式学堂是"旧学为体、新学为用，不使偏废"。他认为当时的教育是"旧者不知通，新者不知本；不知通则无应敌制度之术，不知本则有菲薄名教之心"。他指责当时的一些改良主张是"邪说暴行，横流天下。敌既至，无与战，敌未至，无与安"。所以，张之洞认为改良教育应以同心、保国、保教、保种为第一。张之洞认为留学生出国学习，"入外国学堂一年，胜于中国学堂三年"。他又认为派幼童不如派成人，派官僚不如派亲贵。曾国藩、李鸿章、张之洞已经把清末统治阶级的留学教育宗旨讲得十分清楚了。一句话，是中学为体，西学为用。派遣留学生就是让他们学来本事为稳固摇摇欲坠的封建清王朝效力。

北洋政府时期的留学宗旨同清末有根本不同，这并不是因为袁世凯、段祺瑞不想推行封建专制主义，而是由于革命的民主派不断压迫北洋军阀接受资产阶级方案。孙中山是在袁世凯宣誓接受共和政体的条件下让出临时大总统职位的。因此，尽管民国建立以后，就出现了北洋军阀统治的局面，但是北洋政府一直维持着民主共和政体（流产的帝制除外），袁世凯、段祺瑞、曹锟等人也都表示拥护共和、发展产业。既然保持共和国制度，那统治者就无法泯灭民主精神，就无法阻止产业和资产阶级教育的发展。辛亥革命所引起的发展资本主义的社会影响并不因北洋军阀的统治而消除。袁世凯、段祺瑞、曹锟、张作霖都把持过中央政权，他们也极力推行封建专制，但是资产阶级的法统一直保持着，资产阶级共和国的总统、内阁、国会、《临时约法》等制度和法律最终也未能完全被北洋军阀所毁灭。资产阶级革命派可以通过内阁、国会同北洋军阀据法力争，袁世凯、段祺瑞等军阀代表人物也常常不得不向国会让步。这就是北洋政府时期资本主义经济和资产阶级教育得以发展的主要原因。这一历史进程直到1928年共和国制度同张作霖政府同步消亡为止。

1912年1月孙中山在南京组织临时政府，资产阶级教育家蔡元培担任第一任教育总长。3月，袁世凯就任临时大总统并组织内阁，蔡元培仍担任教育总长。2月，蔡元培发表了《对于教育方针的意见》，批判了清末教育宗旨中的忠君、尊孔两项。他指出："满清时代，有所谓钦定教育宗旨者，曰忠君，曰尊孔，曰尚公，曰尚武，曰尚实。忠君与共和政体不合，尊孔与信教自由相违。"蔡元培提出军国民教育、实利教育、公民道德教育、世界观教育和美育五项宗旨。为了消除清末钦定教育宗旨对共和教育的影响，教育部制定教育办法，将小学、中学、师范学校和大学的读经课一律取消。

蔡元培辞职后，由范源濂继任。范源濂公布的新的教育方针基本上是蔡元培所主张的。新教育方针的"注重道德教育"，按蔡元培的原意就是要加强人格的平等和自由的教育，反对忠君与尊孔教育。1918年以后，大批留美学生归来，传来美国的教育思想，否定了蔡元培的军国民主义方针，改为"发扬共和精神"的教育宗旨，更完全否定了忠君、尊孔的封建教育方针。这期间，袁世凯搞过复辟帝制活动，一度曾恢复孔教，规定尊孔的教育宗旨，但这只是昙花一现。总之，北洋政府时期实行的是资产阶级教育方针，在课程设置上各级学校都取消了读经课，也就是在教育内容上摒弃了封建专制与尊孔的内容。

1914年，北洋政府教育部在确定教育规划时，曾对清末留学政策有所批判，并明确民国留学教育的宗旨。教育部确定"游学生派送之目的，在求外国高深之学术，促进本国之文明，启发社会之知识"。北洋政府批评清末留学政策"一误于选派时无一定之方针，再误于回国时以考试为荣典"。1916年秋蔡元培在一封信函中指出："世运日新，学风丕变，吾国教育，不能不兼容欧化，已为有识者所公认。"兼容欧化的内容，蔡元培指出即是其"教育界思想之自由，主义之正大"和"学术明备"，这也就是说，要全面学习西方，从自由人格到各项专业知识。这种全面学习西方健全人格、发扬共和精神的留学教育宗旨完全有别于"中学为体、西学为用"和清末封建改良的留学宗旨。

否定了清朝末年在留学生的选派、管理和归国考核中的"读经"内容，解除了他们在读书、就业中的束缚 清末选派留学生出国学习，首要条件要思想好，即要考查学生儒学读经课的功底。选择学生时，各省都要面试考查学生是否"中学优长，器宇纯粹"。所谓"中学优长"，就是经学儒学要优长。到了所在国家之后，每年要由驻该国使臣亲自考查学生的"经学"有无上进。另外，还要由该国留学生监督季考三次，并且都要面训。使臣和监督面训的内容是让学生遵从"忠孝廉节"、"纲常伦纪"。清政府派到国外的使臣和监督，主要任务是从思想、政治上控制留学生不要参加所在国的政治运动，以免他们从中接受革命道理和方法回国参加推翻清王朝的运动。清政府对留学日本的学生控制特别严，因为留日学生在日本参加反日本帝国主义侵略的运动，返国后又加入反清革命运动。在美国的留学生不参加当地政治活动，但受资产阶级自由民主人权思想影响较深。所以清政府派到外国的监督，对政治思想控制尤严。

辛亥革命后的北洋政府时期，制定了不少留学生规程及管理办法，其中很重要的一条是撤销清政府派到各国的监督制，改为经理制。民国政府另行委派的经理人员名称仍称监督，即每个国家由教育部派监督一人，驻在该国首都。监督之下，还可聘办事人员，在美国，所聘办事人员称为书记；在日本，各省都派一名经理员协同监督工作。这些监督、书记、经理员再没有向学生训诫"忠孝廉节"、"纲常伦纪"的职能，他们的工作都是事务性的。从留学生管理规程上看，北洋政府时期制定的管理办法完全取消了清末向学生灌输封建专制思想的强制措施。这是一个重大进步。留学生在国外不必总为自己"读经"的成绩担心，可以放开思想去接受各方知识，至少在留学生管理规程上再没有思想政治上的约束。

1903年4月慈禧皇太后对张之洞说："出洋学生流弊甚多，饬筹防范之法。"不久，张之洞想出一个约束游学生章程和奖励毕业生章程。张之洞认为留学生不全如慈禧所说"流弊甚多"，他奏道："伏查游学日本学生，年少无识，惑于邪说，言动嚣张者固属不少，其循理守法潜心向学者，亦颇不乏人。"张之洞认为应当疏导，要奖罚分明，于是奏道："自应明定章程，分别惩劝，应足以杜流弊而励真才。"这是留学生毕业回国要参加考试最初起由。考试内容分两场：第一场为留学所学专业，第二场考经义论说。考试后依成绩及所学程度分别授予举人、进士、翰林出身。

1905年第一次举行这种考试，学务处公布了考试奖励名单：

"金邦平、唐宝锷给予进士出身,赏给翰林院检讨";

"张英绪、曹汝霖、钱承瑛、胡宗瀛、戢翼翚给予进士出身,按照所习学科,以主事分部学习行走";

"陆宗舆给予举人出身,以内阁中书用";

"王守善、陆世芬、王宰善、高淑琦、沈琨、林启给予举人出身,以知县分省补用。"

1906 年 10 月清廷举行第二次留学欧美毕业生考试,试毕学部公布考取游学生毕业生名单:

最优等 9 名给予进士出身:陈锦涛、颜惠庆、谢天保、颜德庆、施肇基、李方、徐景文、张煜全、胡栋朝。以上除李方是留学英国外,其余 8 人全是留学美国的。

优等 5 名给予举人出身:田书年、施肇祥、陈仲篪、王季点、廖世纶。前 3 人为留美生,后 2 人为留日生。

中等生 18 名给予举人出身,其中 13 人为留日学生。

参加清末第一次留学毕业学生考试的曹汝霖后来回忆说:第一次应试只有 14 人,西洋学生无一应试。第二次应试的人就多了,西洋学生应试者也多了,颜惠庆就是第二次应试者。考试分两次,第一次在学务处,第二次是及格者到保和殿殿试。殿试循科举制的办法,黎明入保和殿做试题。过两天发黄榜,一试尽赐及第,唯分一等为进士,二等为举人,并均授职。尔后由吏部确定引见日期,"在颐和园仁寿殿,御案移近殿门,引见者站在阶下,上下都能看见,每人高声自背履历。慈禧太后坐中间，光绪皇帝坐于左侧。揣引见用意，要观其容，听其声，察其举止而已"。

颜惠庆参加了清末第二次留学生考试，他是邀集施肇基结伴而来。唐绍仪任主考官，严几道、詹天佑为副考官。从这几个考官就能知道这是高水平的由内行人主持的考试，没有真才实学是很难通过的，没有真才实学的人也不敢来应试。第二批应考者考中后同样也是殿试，"各人报名时太后注目凝视，频频点头，亦似对于各人面貌尚感满意者。当时清廷对于回国之留学生颇存猜忌。学部既负引见之责，对于我们所着官服，及进退容止，在至尊之前有无失仪，或竟发生其他意外，不免战战兢兢，大担心事。政府一面很想利用我等所受的现代教育，和所学的新知识为国家服务，同时又怕我们变为革命分子，推翻满清，心理至为矛盾"。

清政府采取对留学毕业生考试办法，目的是用功名出身、职务来规范留学生，引导留学生不要"惑于邪说，言动嚣张"。归国毕业生考试时第二试是考经义论说，也就是从前的八股文、时务策。这要完全遵从封建思想、观念专论及策题。这种回国考核标准是把留学生规范到儒学经学的框框之中，这是为留学生设置的思想障碍。

民国建立以后，在北洋政府时期发布了《选派留学外国学生规程》（1916年5月18日），取消了清末的给以出身、职务的考试制度。教育部的这个"规程"规定得很简单：留学生拿着留学毕业证明送教育部注册，"有听从教育总长指派职务或各部院咨调任用之义务"。这就是说，毕业生回国后不必再经考试就可以由教育部分派（或推荐）工作。这是对清末坚持以读经为内容的考核制度的否定。

军阀政治对留学教育的阻碍 首先，军阀争夺中央政权造成教育行政机构的极度不稳定。

自从北洋军阀掌握了民国政权以后，总统、内阁像走马灯似的不断更迭。打内战、争地盘、争夺中央政权是北洋军阀的本质特点。从民国初年直到1928年底北洋军阀覆灭，军阀混战不断、内阁风波不断，国会恢复了又解散，解散了又恢复。教育部是北洋政府内阁中的一个职能部门，它当然会随着政海风波而此起彼伏。

1912年4月北洋政府设教育部，蔡元培任教育总长，次长范源濂。不久，蔡元培辞职，由范源濂继任。范源濂施行的新教育方针同蔡元培的主张基本相同。新教育方针的"注重道德教育"，按蔡元培的原意就是要加强人格的平等和自由的教育。

1913年1月教育总长范源濂辞职，海军总长刘冠雄兼任教育总长。3月，刘冠雄辞职，农林总长陈振先兼任教育总长。4月，陈振先辞职，由次长董鸿祎暂代部务。9月，汪大燮被任命为教育总长。1914年2月，汪大燮免职，严修为教育总长。严修未到任前，由蔡儒楷暂代。5月，汤化龙任教育总长，梁善济为次长。

1914年12月，教育总长呈大总统，提出《教育纲要》，申明教育宗旨为"注重道德、实行、尚武，并运之以实用"，这个宗旨是民初以来确立的教育宗旨的继续。但是1915年2月，袁世凯大总统颁定教育宗旨七项：爱国、尚武、崇实、法孔孟、重自治、戒贪争、戒躁进。这时袁世凯已经解散国会，取消地方自治，在教育宗旨上也增加了"法孔孟"一条，为他的称帝活动作思想理论上的准备。不久，袁世凯帝制活动失败，改动教育宗旨的事也就结束了。

1915年8月31日，教育总长汤化龙因病请假，9月10日章宗祥代理教育总长。1916年张国淦任教育总长。6月6日袁世凯病死，黎元洪继任大总统。7月12日任范源濂为教育总长。1917年6月，范源濂请病假，以次长袁希涛代理。12月，委任傅增湘为教育总长。1919年5月15日傅增湘因五四学生风潮而辞职，由次长袁希涛代理。6月5日袁希涛辞职，傅岳棻为教育次长，并代理部务。1920年8月11日，范源濂为教育总长。8月18日次长傅岳棻辞职。1921年12月25日范源濂辞职，黄炎培为教育总长。12月27日，陈垣为教育次长。从以上任免可以看到教育总长更换之勤，谁上任也干不了太长的时间。教育总长不断更迭的原因，有政治上的，但更多是财政上的，即教育经费太少，谁也无法支撑这个局面，更谈不上改革教育了。

其次，北洋政府财政危机、教育经费困难，严重阻碍了教育宗旨的贯彻。

蔡元培、范源濂、黄炎培以及北洋政府大部分教育总长都是力主改革教育和发展教育的，但军阀首领就不然。他们最关心的是军费和推行专制。袁世凯、段祺瑞、曹锟、张作霖对留学教育从未发表过自己的主张和见解。只有吴佩孚曾极力反对退还庚子赔款用于留学，主张用于修建铁路。

北洋政府时期，历届中央政府所面临的最大困难是财政危机，财政预算入不敷出，连年大量财政赤字。财政收入越来越少，支出越来越多。财政收入少的原因是北京政府收入的三大来源（关税、田赋、盐税）越来越枯。关税扣除外债后只剩下百分之十几。田赋、盐税都有地方截留问题。支出的大宗是军费，大部分年份军费支出占总支出的 70% 以上，所余的小部分才为政费、教育费、卫生费、发展实业费等等。政费，除维持各级军阀政府开支之外，很大一笔开支是驻外使馆的开支。北洋政府后期已经到了无力支撑驻外使馆开支的地步。北洋政府有欠驻外使馆经费达 20 个月者，截至 1927 年 3 月底，驻比利时的王景岐首先回国索款，驻奥地利的黄荣良也已离职回国，驻美公使施肇基和驻日公使汪荣宝均打电报给外交部，要求请假。京都警察局的警察每人每月 8 元钱的薪水也发不出来，常欠薪半年以上。军阀部队常有派人到京坐在财政部等着要钱的。每天都到财政部坐等，如果听说财政部某日有某一项进款，当天就将其抢走，弄得财政部有几个钱只得存入外国银行。当时北京 9 所国立大专院校常欠薪在半年以上，国立美术专科学校的教师典当了自己的皮衣去支付行政经费。北京的小学教师 1926 年前 11 个月每月只能发半薪。北洋政府财政到了如此山穷水尽的地步，哪里还去支持留学教育，连已经公派在外的，也常常给不出生活费。所以，除了在美国靠庚子赔款支付生活费的留学生和家境富裕的自费留学生，其他靠公费的留学生的生活都苦不堪言。1915 年各省欠学费达 77 万余元。1924 年留美公费生 300 余人的费用中断，只好靠借钱维持生活与学业。在借贷无门的情况下，留美官费生向全国父老写了一封告急信，信中说："乃学生等，身莅美国之后，而政府竟绝其资助之费"，"比年以来，部省官费，皆不能按期汇到，各省欠款，少则一载，多者至六七年"。信中说："学生异乡无亲，借贷无门，饥寒流离，朝不谋夕"，"望我父老，悯其困穷，哀其无辜，而思所以救济之道"。这些官派学生，都是择优考中的有为青年，他们不到万不得已，是不会厚着脸向家乡父老告急的。

北洋政府的财政危机是留学生数量下降的主要原因。对留日学生而言，有时政治原因是留学生减少的主要原因。例如 1906 年留日学生总数为 7283 人，辛亥革命发生时学生纷纷回国，到 1912 年留日学生仅为 1437 人。在以后的 1914 ~ 1921 年，留日学生数量也总在 2000 ~ 3000 多人之间徘徊，而 1906 ~ 1910 年留日学生总在 5000 ~ 6000 多人之间。北洋政府时期官派留日学生数也在逐年减少：1913 年为 1824 人；1914 年为 1107 人；1915 年为 1200 人；1916 年为 1084 人；1917 年为 1250 人。当然，在总派遣人数中，日本为最多，其次为美国，每年派 130 人、131 人、176 人不等。再次为欧洲，总数同美国差不多，但分到各国就都没有多少人了。到 1918 年第一次世界大战结束后，北京政府向外派遣留学生的数量就更少了。

总之，北洋政府时期的留学政策同清末相比，有性质上的差别，这是由担任教育总长的资产阶级教育家和革命党人争来的。但是留学生数量有所下降，这是由军阀混战、财政危机造成的。还要说明的是留学教育的结构有所变化，即：留美留欧的人数多了，留日人数减少了；各省派出的多了，中央派出的少了；自费留学生多了，等等。这种结构的变化，对以后中国社会的发展产生了影响，即教育、科技水平、政治主张受美欧的影响多了。

③ 国民政府时期的留学政策

停止了民初和北洋政府时期对留学生的宽松政策，加强对留学生的思想控制与考核 从 1927 年 4 月国民党南京政府的建立到 1949 年，为国民政府时期。这 22 年的大环境是战争从来没有间断过。从 1927 年到 1937 年是蒋介石集团进行反共战争的 10 年，其间又夹杂着 4 年的新军阀之间的混战。以后是 8 年抗战和 3 年人民解放战争。连年不断的战争造成国民政府的财政危机。这些年，国民党统治集团考虑的中心是军费问题和反共问题，当然，国民政府对教育也很重视，国民政府教育部、行政院也发布过许多方针、大纲之类的东西，但是中心只有一个，即加强党化教育，加强三民主义教育，加强服从领袖的教育，目的是加强对青年的思想控制。这 22 年，较之北洋政府时期的 16 年，从教育宗旨上看是一个退步。北洋政府时期确定的教育宗旨是健全人格，发扬共和精神，其内容是使学生具有自由、平等、博爱之精神。这个教育宗旨，体现了资产阶级培养本阶级接班人的要求。民初教育，是对中国封建主义教育的一次根本改革，有历史性的进步意义。但是在国民政府时期的 22 年中，国民党统治集团放弃了民初的这个方针，又恢复了专制主义思想统治的教育方针。

1927 年南京政府成立以后，蒋介石对教育问题发表过多次讲话，特别是 30 年代初期，讲得更多。国民政府的教育方针实际上就是蒋介石的教育主张，只不过是通过教育部的规定和国民党的会议认可而已。蒋介石在教育部干部联员大会上讲话中指出：教育是百年大计，是让人们树立起一种信仰，一种指导思想。他说："如果百年大计的教育，没有一个正确的系统、正确的思想，不能使得全国国民了解、信仰三民主义，那么中国即将真的没有办法，不仅国家要亡，种族也要灭的。"在蒋介石看来，人们信不信仰三民主义是关系到亡国亡种的大事。那么，什么是三民主义呢？蒋介石说：孙中山的三民主义"是继承尧、舜、禹、汤、文、武、周公、孔子以来的仁义道德思想，将之发扬光大。三民主义就是从仁义道德中发生出来。"在蒋介石看来，孙中山的三民主义就是中国传统道德的发扬光大，特别是儒家仁义道德的发扬光大。所以，南京政府成立以后，明确地规定了三民主义教育是中华民国教育的根本方针。

1929 年 4 月 26 日，国民政府公布教育宗旨："中华民国之教育，根据三民主义，以充实人民生活，扶植社会生存，发展国民生计，延续民族生命为目的，务期民族独立，民权普遍，民生发展，以促进世界大同。"为了贯彻这个教育宗旨，又规定在"史地教科阐明民族义务，以集团生活训练民权主义之运用，以各种生产劳动的实习，培养实乃民生主义之基础"。

1930 年 9 月 3 日国民党中常执委会议通过了《三民主义教育实施原则》，规定要"使儿童整个身心融育于三民主义教育中"，"应以三民主义重要的观念，为编订全部课程之中心"，"应注重伦理知识及实践，以助长儿童忠孝仁爱信义和平之德性"。

1938 年 2 月 23 日教育部第 657 号通令公布《青年训练大纲》，规定训练信仰目标有二，一为"信仰三民主义"，二为"信仰并服从领袖"。在德行训练实施要点中规定青年要身体力行：忠勇为爱国之本，孝顺为齐家之本，仁爱为接物之本，信义为立业之本，和平为处世之本，礼节为治事之本，服从为负责之本，勤俭为服务之本，整洁为强身之本，助人为快乐之本，学问为济世之本，有恒为成功之本。

抗战八年及抗战后的几年，蒋介石和国民政府的教育方针并无变化，除了增加些适应当前形势的内容之外，大的方针毫无变化。本来，孙中山的三民主义是一种革命的民主主义主张，尽管它在学理上和实践上都有值得争论之处，但孙中山的三民主义是为了救国救民的。而蒋介石和国民政府只是把三民主义当幌子，其目的是推行专制主义，从儿童起就教育人们要忠于领袖忠于党国，要守纪律，要服从，这是要以儒家的忠孝仁爱等封建道德把4亿中国人训练成顺民。

在这个国民党统治集团一心反共的大环境下，国民政府的留学教育，也是首先重视对留学生的思想控制。在《三民主义教育实施原则》中，专立第八章讲"关于派遣留学生者"。其中规定留学生："须根据三民主义的精神，融合东西文化之所长，以造成三民主义的新文化。"关于派遣条件，规定为："①公费留学生须大学生或专门学校毕业，素无违反三民主义言论行动，并经考试合格，始得派遣。②私费留学生须高中以上学校毕业，素无违反三民主义之言论行动，并经考查合格，方得出国。③无论公费或私费留学生，出国以后，其学业状况及言论行动，应由各该主管机关，严加考核，其考核办法另订之。"

国民政府是借三民主义教育之名，行思想控制之实。

北洋政府时期，北洋军阀拿不出什么主义当号召，加上革命民主派的斗争，又加上大部分教育总长都坚持资产阶级平等人格教育的主张，结果，形成了一个不对留学生再加思想控制的格局。这是中国留学史中很为进步的一个时期。国民政府建立后，又恢复了清朝末年对留学生的思想控制，而且控制的程度比清末还要严密。清末选派留学生只规定"中学优长"，也就是"读经"成绩好即可。国民政府派遣留学生的政治条件是"素无违反三民主义之言论行动"。什么是违反三民主义的言行呢？凡是对校务有意见的，反对校长贪污经费的，参加集会、散发传单和参加罢课的，都属受共产党诱惑，都属违反三民主义言行之列。行政院的一则通令正是这样规定的。

1929年12月6日行政院给教育部发出一道通令，说："为饬令事，近年以来，我国学生受共产党人及一切反动派之诱惑，动辄借口改良校务，罢课要挟，甚至擅自集会，散布传单，供人利用"，"学生惟当一意力学，涵养身心，凛古人思不出位之训诫，奉总理三民主义为依归。不得干涉教育行政，致荒学业。如再有于受反动派之利用，仍若嚣张恣行越轨者，政府为爱护青年贯彻整饬学风计，惟有执法严绳，以治反动派者治之"。

这就是说，只要学生有些不满校务的言论与举动，都是受共产党诱惑，都是违背古人关于思不出位的训诫，都是违背三民主义行为，都要严绳以法，并以反动派论之，并把这个要求列入派遣留学生的必备首要条件。国民政府派遣留学生的条件，实在是有别于北洋政府，甚于清朝末年。这是一种历史倒退。辛亥革命开创的、北洋政府一直无法反掉的共和制度和发展产业、繁荣教育的主张，都被南京国民政府给抛弃了。

基本上是压缩留学教育的政策　国民政府建立后所面临的财政困难比北洋政府还要大。北洋军阀大的混战只有三次，即1920年直皖战争，1922年直奉战争，1924年第二次直奉战争。但是不论是这些大的军阀战争还是局部地区的军阀战争，打仗的时间也都是十天半月，没打过长期战争，所以耗费并不严重。但蒋介石自从上台后直到1930年中原大战，他同地方新旧军阀打了4年的大战，又"剿共"10年。蒋介石的亏空比北洋军阀严重得多。他的财政部只有一项真正的任务，就是为内战筹集军费。北洋政府是用借外债借内债的办法补亏空，年年借债，年年发国库券，举新债还旧债，他们不敢采用发钞票、涨物价的办法解决赤字，因为怕惹恼了全国老百姓。国民政府在前期也是不敢用发钞票、涨物价办法解决军费问题。国民政府是采取建立国家银行，吞并中小银行，控制黄金、美钞价格和控制国库券的发行，以"官倒"的手法损害中产阶级和上层小资产阶级。因受政府坑害，许多中小银行家、工商业者对国民政府不满。南京政府费了九牛二虎之力筹集的军费，每每还要遭到蒋介石的训斥，嫌其筹款速度不快。宋子文、孔祥熙等财政部长哪里还有精力顾得上教育经费。已经给的教育经费是实在不能不给的，但对留学经费，国民政府一向以为花钱太多，应当压缩、整顿。

1932年，教育部长朱家骅指出：最近留学人数，约有5400余人，每年费用总额，当在国币2000万左右，已经超过国内大学生经费总额一倍。这批留学生的好坏，对今后社会发展有很大影响。但是以往留学制度不当，中学毕业也任其自由出国，结果是花了很多钱培养出来的不都是专门人才，许多留学生只是出国接受普通教育。鉴于这种状况，国民政府教育部

1933 年公布施行《国外留学生规程》，规定选送资格凡公费、私费留学生均需在国内专科以上学校毕业，并在国内担任过两年以上技术职务的，而且考生还应是发表过有价值的学术专著或在工作中取得重大成绩者。规程还规定必须经过省市初试和教育部复试的两级考试，合格后方发给留学证书出国留学。在国外不得自行变更专业和留学国别，留学年限至少二年，最多不超过六年。公费生毕业回国后两个月内到省市政府报到，统一分配工作。

1933 年《国外留学生规程》规定的选送条件太高，这是紧缩留学生经费的产物。设想，必须大专以上毕业，还要工作两年，发表过专著或有重大成绩者，这比清末、北洋政府时期的派遣条件严格得多。有谁能在大学毕业后两年中发表过专著或有重大工作成绩？对留学生加强管理是对的，但如此严苛条件就不是要加强管理，而是有意限制出国留学了。

在这种限制留学教育的政策下，国民政府建立的前 10 年，留学生人数不断在下降。派赴留美人数为：1927年 302 人，1928 年 306 人，1929 年 340 人，1930 年 316人，1931 年 227 人，1932 年 158 人，1933 年 104 人，1934 年 172 人，1935 年 212 人，1936 年 230 人，1937 年 219 人。留美人数 10 年来趋下降之势。其实，留美学生人数下降还不是典型的，因留美学生中很多是庚子赔款生，不用政府花钱，还有许多是自费生，也不要政府花钱，但即使如此，由于国民政府的限制政策，也对留美学生产生影响。从留学生总数上看也一直呈下降趋势，这其中，有留日学生受日本帝国主义侵华政策影响，不时愤而返回者（如济南惨案后、九一八事变后）的政治因素，但留欧美学生在没有政治因素干扰下也呈下降之势，这就不难看出当政者政策的作用了。

抗战期间和抗战胜利后，国民政府的留学政策是在限制的基调上做了较大的跳跃，这是一些临时因素作用的结果。

抗战爆发后，1938 年国民党临时全国代表大会制定"抗战建国纲领"，实行抗战教育。6 月，行政院公布《限制留学生暂行办法》，提高留学生选派时的文化科研水平，规定要在公私立大学毕业并继续研究或服务 2 年以上，并且要成绩显著者方可报考，所学专业仅限军、工、理、医各科。1939 年行政院又公布《限制留学办法》，规定公派学生非经特准，一律缓派，自费生除自己有外汇者也一律缓派。在这种政策作用之下，1938 年到 1942 年出国留学者仅在 50 人至 100 人之间。

1943 年世界反法西斯战争胜利的局势已经确定，蒋介石也认为抗战胜利已经不会很久了，于是他开始考虑战后的重建工作。1943 年，蒋介石在演说中曾规划战后需要高级人才 50 万，国内大学限于师资和设备之不足，无法培养出这批急需人才，因此"以后对于留学生之派遣，应照十年计划，估计理工各部门高中低各级干部所需之数目，拟具整个方案为要"。教育部也按照这个意旨制定了《留学生教育方案》，决定从

1943年起，5年内每年选派公费生1000名出国留学，其中250名留英，750名留美。留学生专业规划是750名学习理工，250名学习文法。另外提倡自费留学，每年也拟派1000名，5年共得5000名。这个方案是宏伟的，但这些也只是纸上谈兵而已，派遣数千名留学生出国，哪里有如此巨额的经费，因此这个计划无法实现。当然，从1943年开始，派遣留学生的数字比以往几年还是有大幅度增加，虽然远不能达到每年派遣1000人的计划。

公费留学计划搁浅，但自费派遣留学计划却部分实现了。抗战以来一直限制留学的政策一旦解冻，大批青年纷纷申请自费留学。当时，在重庆"大抵家有余粮百石或腰缠余金十万者，不问条件如何，均欲作美洲之游"。当时社会舆论也众说不一。有人以为这些市侩子女和军阀后裔在国内读书也是挥霍交际、虚度光阴，再令其留学，更是虚耗外汇。有人建议应对出国者加以考试选拔。国民政府采取了选拔的办法，1943年10月颁布《自费留学生派遣办法》，规定自费留学要在国内经过考试合格者方能派遣，又规定每年名额为600人。同年12月举行了自费留学考试，报考者751人，录取327人，均于1944年陆续赴美留学。这项自费留学生考试是中国留学历史中的第一次。对自费留学进行考试，可以提高派遣质量，但它也限制了留学教育的发展。自费留学本属学生的一种选择自由，政府横加控制并加进党化统治的目的，并不是一种值得肯定的政策。

1944 年 12 月，教育部又进行了公费留学统考，应考者 1824 人，录取 209 人。这次录取数字超过抗战以来的各年数字。这次考试，是依据同月（1944 年 12 月）教育部颁布的《国外留学办法》进行的。这个办法规定，以后无论公费或自费留学，均须由教育部统一考试，合格后方可派遣出国。这个出国统一考试，有一层很重要的目的，就是加强对留学生的思想控制。在 1943 年制定的《留学教育方案》中规定：选派留学生，必须"考察思想是否纯正"，不论公费生还是自费生，出国以前都调赴中央训练团受训，已经在国外未经受训者，回国后也要入训练团受训。公费留学生未入党入团者，分别介绍加入党或团。留学生在外留学，"如有违背三民主义之言论及越轨行为，经查明属实，即取消留学资格"。

总之，在抗战期间，不论是初期的压缩留学教育阶段还是后来的开放留学阶段，国民党政府留学教育的基本政策始终是统制的政策、控制的政策。

抗战胜利后全国人民欢欣鼓舞。蒋介石基于广大人民的情绪与愿望，考虑了教育界和社会有识之士的要求，提出了要把教育放在第一位的主张。1945 年 9 月召开全国教育善后复员会议，蒋介石在这次会议上发表演说，他说："今后建国时期，教育问题便是全国的基本问题。倘仍如过去一样，教育建设不好，那就绝不能负起建国的责任。抗战期间，军事第一，建国时期，教育第一，要为国家民族造就新青年，才能建设一个现代国家。"蒋介石还讲到要发展国民教育和师范教育，中学教育要切合乡村建设的需要，要注意西部地区的教育等。当时人们听到蒋介石的这篇讲话很受鼓舞，以为国家从此可以把教育放到第一位了。后来的《中华民国宪法》也把中央教育经费规定为"不得少于其预算总额的百分之十五，在省不得少于其预算总额的百分之二十五，在县市不得少于预算总额的百分之三十五"。但是蒋介石的讲话和国民党制定的宪法都不过是一纸空文。抗战胜利后的留学教育，没有多大起色。1946年7月教育部同时举办了公费留学考试和自费留学考试。公费生应考者3296人，录取148人，自费生应考者2774人，录取1216人，加上公费落考而符合自费条件的718人，共录取自费生1934人。1946年公费留学生人数还不如抗战后期的人数多。留学教育如此，其他教育也没有起色。原因是蒋介石一心打内战。

抗战胜利后蒋介石集团就发起内战，军费开支占去其预算的80%以上，经济危机，财政危机，金融危机，物价飞涨。国民政府在风雨飘摇之中，没有钱派遣留学生，也没那份心思考虑留学教育，所以每年派点留学生只是循例运作而已。其中1947年《中美文化协定》签订后，建立了美国在华教育基金会，有2000万美元作为文化交流包括派遣留学生之用，于是1947年至1949年留美学生人数猛增：1947年为1194人，1948年为1274人，1949年为1016人。这是一个大跳跃的数字。美国人拿钱招留学生，国民政府是乐于协助的，但是让国民党政府拿钱派留学生，它拿不出钱来。到 1947 年以后，对前途的忧心索性就断了留学教育的念头，1948 年 1 月，国民政府宣布停止公费和自费留学考试。至此，国民政府留学教育正式终止，这也是国民党政府的惊人之举，这是自清朝末年留学教育兴办了 74 年之后第一次被政府明令放弃。

总之，国民党自从 1927 年在南京建立国民政府后，对外是反共和消除异己势力，对内是搞军事专制统治。在这种专制之下必然加强思想控制，特别是对学生的控制，于是搞出许多党化教育、三民主义教育大纲之类的东西，这是对国内教育而言。对留学教育，国民党内留学归来的有识之士多得很，他们也主张留学教育，但在以党治国、领袖独裁的体制下，他们很难起到作用。蒋介石一心打内战，别人再讲留学教育也无补于事。北洋政府时期专家、学者还能讲上话，张謇在农商总长任上能起作用，顾维钧、颜惠庆在外交总长任上能起作用，蔡元培、范源濂在教育总长任上能起作用，但是到国民政府时期，谁在教育部长甚至行政院长任上也代替不了蒋介石，也代替不了国民党中央党部。全中国只靠一个人的智慧和主张办事。顾维钧在北洋政府和国民政府中都担任过高级外交职务，他对二者作过对比，颇有感触地说："北京政府时代之外交官对于制定及执行外交政策之影响，较之国民政府时代者为大"，"国民政府时代之外交官通常依训令行事，主动之机会极少"。在国民党统治时代，人们只能依训令行事，个人很难对党发生影响。所谓党，就是蒋介石。只要提起教育，蒋介石就讲三民主义教育，实际上是借三民主义行孔孟伦理教育中的忠、恕教育，让青年讲忠，讲恕，即要忠于领袖，要宽于"待人"，严于"律己"，这就是要把年轻人教育成一个愚忠的蠢材。他本人身体力行地每天读曾国藩家书之类的东西，他要求青年的，是树立封建的忠、孝、仁、爱思想，他从来不以自由、平等之类的资产阶级思想育人，他也从不鼓励青年出国留学，这是国民政府时期留学教育得不到发展的根本原因。

二　留学美国一百年

第一批官派留美生

　　说起留学生的派遣，不能不先提容闳，他是中国近代留学运动的奠基者。

　　容闳，字纯甫，1828 年出生于广东省香山县（今中山）南屏镇的一个农民家庭，与澳门仅隔数里之遥。1841 年，容闳进入传教士在澳门创办的马礼逊学堂学习。1846 年 9 月，马礼逊学堂校长布朗向学生宣布，他们一家不久要回美国休假，并表示愿意带几名年龄比较大的中国学生赴美国深造，容闳和黄胜、黄宽三人报了名。他们三人随布朗远赴美国，入马萨诸塞州的孟松学校学习。一年后，黄胜因身体不佳，辍学返回香港。容闳和黄宽读完全部课程，于 1849 年以优异成绩毕业。毕业后，黄宽考入英国爱丁堡大学，后以优异成绩获医学博士学位，1857 年回国在广州行医。容闳则在布朗的大力支持下，于 1850 年考入了耶鲁大学，于 1854 年毕业，获文学学士学位。当地报纸称：这是在美国大学毕业的第一名中国留学生。

　　容闳于 1855 年 3 月回到香港，先后做过秘书、翻译、商人。1863 年，经数学家李善兰推荐，容闳认识了清朝"中兴大臣"曾国藩。曾给他一个五品军功衔，赴美选购机器。这一使命完成后，容闳被授予五品候补同知，到江苏省任职。到江苏后，容闳与江苏巡抚交游密切，彼此志趣相投。1867 年容闳向丁日昌建议派遣学生到美国留学，丁日昌对此十分赞成，令容闳提出具体方案。次年，容闳通过丁日昌向清廷上了一个条陈。这个条陈共四点：①组织一合资汽船公司；②选派颖秀青年，送之出国留学，以为国家储蓄人才；③设法开采矿产以尽地利；④禁止教会干涉人民词讼，以防外力之侵入。容闳后来指出，这四条中，第①③④条是陪衬，"眼光所注而望其必成者"，只是第二条。容闳的这个条陈由丁日昌转寄军机大臣文祥，但因文祥不久即去世，所以条陈没有上达朝廷被搁置起来。

　　1870 年，曾国藩、丁日昌奉旨赴天津查办"天津教案"，容闳随行任译员。容闳感到良机在握，即向丁日昌进言，重提三年前他提出的留学计划。经丁日昌向曾国藩进言，曾也表示赞许。同治十年七月十九日（1871 年 9 月 3 日），曾国藩和李鸿章联名上奏，请求派遣幼童赴美留学，其计划是：挑选十三四岁至 20 岁的幼童 120 名，分四年派赴美国，每年 30 名。这个计划得到清廷的批复同意。随即由容闳等人进行紧张的筹备工作。

　　在当时，要招收幼童赴美学习，却不是一件容易的事。由于长期的闭关锁国，普通的中国老百姓对中国以外的世界一无所知，而且民间传说非常阴森恐怖。有人说，外国是"蛮夷遍地，将会剥掉孩子的皮，再蒙上狗皮，把他们弄成罕见的动物去展览"。再者，当时青年学子的正途是应科举，入仕途。而进洋校、读洋书，则是让人鄙视的事。所以，当容闳来到上海招第一批幼童时，竟没有招足。最后容闳南下，从广州、香港等地的教会学校中招收了部分学过英文的儿童，才凑足了30名幼童。这批幼童大都出身微贱，无一官宦人家子弟。当时，清政府要求这些出洋的幼童的父母出具亲笔画押的"甘结书"。"甘结书"写道："兹有子××情愿送赴宪局带往花旗国肄业，学习技艺。回来之日，听从差遣，不得在国外逗留生理，倘有疾病生死，各安天命。"从"甘结书"反映出当时人们将出国留学视为畏途。

1872年8月11日，第一批官费留美学生30人，在监督陈兰彬率领下，从上海启程出洋，途经日本横滨，换"中国"号轮船，开往旧金山，然后坐火车横贯美国大陆，前往美国康涅狄格州哈德福德城。先行抵达美国的容闳在这里迎接他们。

第一批幼童安置在康涅狄格州的城乡居民家中，每家住两三人，但彼此相距不远，便于管理，也便于他们熟悉环境，互相照应。1873年、1874年和1875年第二批、第三批、第四批幼童相继抵美，至此，120名官费留美学生全部抵达美国。

1874年，经李鸿章批准，在美国康州哈德福德城克林街（Collins Street）建造了一所中国留学生事务所大楼，可供监督、教员及留学生75人居住，并有教室供教授汉文之用。留美学生除学习英文外，还需学习中文。每到周末，当美国公立学校放假时，留美学生们便集中到留学生事务所上中文课，暑假期间也要学习中文。主要是学习作文和习字。凡作文、习字成绩优异者，还有奖赏。赏金有3元、2元、1元、8角、7角、6角、5角等多种。不按规定完成中文课者，则要受到惩处。

留美学生在读完预科后，进入美国各大学深造。所选专业大都是自然科学或应用学科，如医学、采矿、五金、土木工程、铁路、建筑、电气等。

留美学生在美国这样一个文化背景迥然不同的国度里生活，迅速地接受了美国人的观念和理想，美国化了。他们改穿美式服装，盘起辫子，并学会了做礼拜，打棒球，踢足球，有时还会用拳头与挑战者较量。所有这些，引起顽固正统派的恐惧。1875年12月，清政府任命陈兰彬为驻美公使，容闳为副公使。陈兰彬推荐吴子登继任留美事务所监督，容闳以副公使兼副监督。陈兰彬、吴子登都是翰林出身，封建思想十分严重。他们对留美学生的"美国化"深感不安。陈兰彬攻击留美学生"适异忘本"，"离经叛道"。吴子登一到任，便因为留学生不向他们行跪拜礼而勃然大怒。他一怒之下向清廷密告容闳"纵容学生，任其放荡淫佚"，认为："此等学生，若更令其久居美国，必致全失其爱国之心，他日纵能学成回国，非特无益于国家，亦且有害于社会，欲为中国国家谋幸福计，当从速解散留美事务所，撤回留美学生。"在顽固派的一致攻击下，光绪七年五月十二日（1881年6月8日）由总理各国事务衙门奕䜣等奏准"将出洋学生一律调回"。清政府此举，遭到美国舆论的反对。耶鲁大学校长朴德（Noah Porter）联络一批大学校长和教育家联名致函清朝总理事务衙门，陈明利害得失，加以劝阻。以著名作家马克·吐温为首的一批美国文化界知名人士也联名写信给清政府，希望中国学生能继续留在美国学习。美国前总统格兰特也为此事致函直隶总督李鸿章，指出撤回中国留学生极为可惜。但所有这些，均没有改变清政府撤回留学生的决定。

著名启蒙思想家、爱国诗人黄遵宪为此愤怒难平，作了一首长诗《罢美国留学生感赋》：

> ……新来吴监督，其僚喜官威，谓此泛驾马，衔勒乃能骑。征集诸生来，不拜即鞭笞。弱者呼謷痛，强者反唇稽。汝辈狼野心，不如鼠有皮。谁甘畜生骂，公然老拳挥。监督愤上书，溢以加罪辞，诸生尽佻达，所业徒荒嬉，学成供蛮奴，否则仍汉痴，国家糜金钱，养此将何为……郎当一百人，一一悉遣归，竟如瓜蔓抄，牵累何累累……蹉跎一失足，再遣终无期。目送海舟返，万感心伤悲。

对顽固派进行了抨击，对中国留学事业的半途而废表示了惋惜。

这批留美学生回国后，1885 年清政府对他们进行了严格考核。考核结果，留美学生对于所学各门专业"均能融会贯通，各有心得"。据李鸿章在奏折中透露，除因事故撤回及在美病故的 26 名留学生外，其余 94 名均按所学专业分配了工作。其中 21 名送电报局学传电报，23 名分发船政局、上海机器局，50 名分发天津水师、机器、鱼雷、水雷、电报、医馆当差。他们中的许多人后来转入政坛，并成为显贵，名重一时。如梁敦彦任外务部尚书，唐绍仪任清朝奉天巡抚、邮传部尚书，中华民国第一任内阁总理，梁诚任驻美公使，刘玉麟担任出使英国大臣。从事轮船、铁路、采矿、邮电等方面的留美学生也大都成为我国第一代专家，均有出色的表现。在耶鲁大学学习铁路工程的詹天佑成功修建京张铁路，被誉为"中国铁路之父"。在海军工作的留美学生，先后参加了中法马尾海战和中日甲午海战。他们技术精湛，作战勇敢，许多人以身殉国。在教育界中，唐国安担任清华学堂第一任校长，蔡绍基担任北洋大学校长，林联辉担任北洋医院院长，周长龄和方伯梁负责筹建唐山铁路学堂。总之，这批留美学生为中国的现代化做出了突出贡献。

❷ 退还庚款与留美教育的发展

《辛丑条约》规定美国获得赔款合 24440778.81 美元，年息 4 厘，到 1940 年止，中国向美国赔款本息共计 53551551.15 美元。1907 年 12 月 3 日美国总统西奥多·罗斯福向国会提交咨文，要求向中国退还部分庚款用于中国教育，要中国派遣留学生到美国留学。此案得到参、众两院通过，1908 年 5 月 25 日罗斯福总统签署了这一法案并于 1908 年 12 月 28 日正式发布命令。根据国会决议，中国赔款之数改为 13655492.69 美元，年息 4 厘，其余赔款，将作为"友谊"的表示，从 1909 年起退还中国，到 1940 年，总计退款数为 28922519.55 美元。这就是美国退回部分庚子赔款帮助中国兴学的决议。这是清朝末年美中关系乃至中外关系史上的一件大事，当时举世皆注目。美国朝野也借此题大做文章，大肆宣扬美国对中国之友谊。美国国务卿罗脱在给清驻美公使梁诚照会中宣称，这表示了美国对中国"真诚之睦谊"。

但是事情并不那么简单，当初美国曾积极索要赔款，钱也都收下了，突然要退还一部分，如果没有十足的理由或十分的必要，美国参众两院有那么多议员是不会通过的。美国参众两院辩论记录我们无法看到，但从当时一些政治领袖人物的言行上，我们可以摸清这件事的来由。

这个时期，以军事战略家马汉、历史学家布鲁克斯·亚当斯和扩张主义者美国总统西奥多·罗斯福为代表的一伙人创立了"太平洋帝国论"。马汉认为"今天的太平洋将继承大西洋的地位，成为未来世界的主要舞台"，罗斯福雄心勃勃地宣称"太平洋时代将是最伟大的时代"，克鲁克斯·亚当斯则认为"除非美国控制了中国的一切市场，否则，美国本身就可能会解体。

如果能够征服它，美国就会成为更伟大的财富和权势中心"。这个太平洋帝国论产生的背景是20世纪初年美国已实现机械化、现代化，成为世界科学技术中心。鉴于美洲、非洲市场已被欧洲列强瓜分完毕的状况，美国在完成了向美洲大陆扩张之后，把重点移到太平洋地区。所谓太平洋地区，主要是中国，其他国家均已成为英、日的势力范围。

如何征服中国？这是一个难题，弄不好国会两院都会干涉，美国的传统很难采取赤裸裸的殖民地方式。美国伊里诺大学校长埃德蒙·詹姆士向总统献了一个最巧妙的计策：用中国人自己的钱为美国培养在华接班人。他在给罗斯福的备忘录中说："中国正临近一次革命……哪一个国家能够做到教育这一代的青年中国人，哪一个国家就将由于这方面所支付的努力，而在精神和商业的影响上取回最大可能的收获。如果美国在30年前已经做到把中国学生的潮流引向这一个国家，并能使这个潮流继续扩大，那么，我们现在一定能够使用最圆满和最巧妙的方式控制中国的发展。这就是说，使用那从知识上与精神上支配中国领袖的方式。"他更具体地讲到："为了扩张精神上的影响而花一些钱……教育这一代的青年中国人，即使从物质意义上说，也能够比用别的方法收获得更多。商业追随精神上的支配，是比追随军旗更为可靠的。"

有40多年在华经商兼传教经验的史密斯不仅完全同意詹姆士的观点，并对此主张加以补充拟成计划，呈送罗斯福总统。罗斯福阅后大为赞赏地说："史密斯博士，我与你完全同意，那是一个伟大的意见，我要照办。"这就是美国朝野酝酿并决定退还庚款的由来，这是美国政府为了从思想上控制中国领袖人物而采取的一种新战略。当然，以后的历史会不会完全按照詹姆士等人设计的路子走，那是另一个问题。中国封建专制势力的影响极大，又加上中国传入马克思主义，所以以后中国的领袖人物孙中山、袁世凯、蒋介石、陈独秀、毛泽东等，都不是按美国模式造就出来的。后来的中国留美学生，大部分是学理工的，小部分是学文科的。这些人回国，有的兴办实业，有的从事科技教育，为中国的科技教育和经济的发展都起了重大作用。在当时，用先进的资本主义的技术手段和管理方式代替中国传统落后的东西，毕竟是一种大的进步。赴美留学生崇美的有之，全盘西化者有之，但更多的他们有爱国心，神州学人赴美留学是为了振兴中华。所以詹姆士等人的如意算盘并未成功，更多的留美归来的学生，为祖国的现代化事业做出了重大贡献。当然，留美学生回国后参与反动统治，对中国社会发展起阻碍作用的人也是有的，但不是主流。

自从首批 120 名留美幼童于 1881 年中途撤回后直到 1909 年庚款派遣留美生前的 20 多年间，清朝政府没有再向美国派遣公费留学生。但是这一时期仍有一些自费留美学生陆续赴美。另外，20 世纪初年，各省又用官费派遣了一批留美生，所以留美学生一直并没有间断。他们人数虽然不多，却有不少人后来成为中国近代史上颇有影响的人物。

孙中山就是在这一时期去美国的。1879年年仅14岁的孙中山随母到檀香山，不久进入英国教会学校意奥尼兰书院，以优异成绩毕业后进入美国教会办的阿湖书院。这是檀香山的最高学府，他准备在这所学院毕业后再进美国大学，但读了一学期因哥哥反对他加入基督教而退学回国。孙中山的这一段经历虽够不上正规意义留学生，但它对孙中山后来的思想和一生的事业都有重大影响。

这一时期还有几位女学生赴美留学，这是我国最早的女留学生，她们是浙江宁波的金雅妹、福建福州的何金英（英文译音）、江西九江的康爱德和湖南的石美玉。她们都毕业于美国的医科大学，回国后都在医院工作，为我国西医事业都做出不可磨灭的贡献。

颜惠庆于1895年在教会资助下赴美留学，毕业于弗吉尼亚大学，回国后任过北洋政府的外交总长和国务总理。他在任期间，积极准备参加华盛顿会议，曾为维护中国主权和恢复中苏外交关系作出贡献。

1901年在上海从事翻译事业的英国传教士傅兰雅后来携带陈锦涛、王宠惠等9人赴美留学。

清末新政后，留学成为一种风尚，有一些省份开始向美国派遣留学生。1903年湖广总督端方从湖北各学堂选拔刘庆云、程毓麟等10人去美国留学；1905年两广派遣梁应麟等15人由两广学务委员陈锦涛带领赴美留学。其中温诚、陈延麟两人后来获准进入纽约委士边武备大学学习陆军。中国留学生入美国军事学校学习，还是从此开始；1905年上海高等实业学堂派11

人赴美留学；1906 年直隶总督袁世凯选拔北洋大学堂学生 22 人赴美国留学；1906 年山西巡抚恩铭派大学堂预科毕业生二三十人赴美学习铁路、矿务专业；1906年京师大学堂在师范毕业生中选拔英文成绩最好的朱启钤、曹学渊等 3 人赴美国留学。

这一时期，在赴美留学生中最引人注目的当推宋氏三姐妹的赴美留学了。宋霭龄 1903 年 13 岁时孤身赴美留学，1909 年以优异成绩毕业于卫斯理女子学院。1912 年就任孙中山英文秘书。二次革命后逃亡日本，遇到了在美国读书时结识的孔祥熙，1914 年同孔祥熙结婚。孔祥熙在美国得经济学硕士，后来任过国民政府工商部长、财政部长、行政院长。宋霭龄素来爱财，工于算计，孔宋结合，大肆搜括民财。

1908 年 15 岁的宋庆龄和年仅 11 岁的宋美龄一起赴美求学。姐妹二人性格不同，姐姐稳重，喜欢读书，妹妹活泼、欢跃。1909 年，宋庆龄考进卫斯里女子学院，她关心国家民族的命运。1913 年宋庆龄毕业回国。宋美龄是 1912 年转为卫斯里女子学院正式生的，后转到马萨诸塞州的韦尔斯利学院，主修英国文学，由在该州哈佛大学读书的宋子文做她的保护人，一直到1917 年毕业。

这个时期在美国留学生总数没有完整的统计资料。据当时在美游历的梁启超估计，1903 年有留学生 50 多人。后来几年发展很快，据不完全统计，当时已发展到 500 多人。

这是清政府用庚款派留学生的大体情况。

根据美国国会通过的议案，从 1909 年起，至 1937 年止，逐年拨款资助中国派留美学生，每年金额为：

1909 年至 1910 年，每年 483094.90 美元；

1911 年至 1914 年，每年 541198.78 美元；

1915 年为 724993.42 美元；

1916 年至 1918 年，每年 790196 美元；

1919 年为 790195.99 美元；

1920 年为 790196 美元；

1921 年至 1923 年每年 790195.99 美元；

1924 年为 790196 美元；

1925 年为 790195.99 美元；

1926 年为 790196 美元；

1927 年为 790195.99 美元；

1928 年至 1931 年同 1924 年至 1927 年；

1932 年为 1380378 美元；

1933 年至 1934 年，每年 2380378.34 美元；

1935 年至 1937 年每年均为 1380378（有尾数）美元。

后来又追加退还 116 万多美元。

如何具体使用庚款，中美双方协商以下三条：

① 派遣中国学生赴美深造，自 1909 年开始；

② 创设留美预备学校，即后来的清华学堂，作为赴美深造的预科；

③ 在美国首都华盛顿设立中国游美学生监督处，负责管理中国留学生。

根据协议，1909 年 6 月，清政府在北京成立了游美学务处，负责考选学生、管理肄业馆、遣送学生等事项。由外务部丞参周自齐为总办，学部郎中范源濂、外务部主事唐国安为会办。同时在美国设立了留学生监督处，负责留学生的学校安排、起居、稽查功课、收支学费等事宜，由容揆负责。

游美学务处成立后的第一项工作是挑选赴美留学青年。按中美商定，自拨还赔款年起，前四年每年派遣派学生约100名赴美留学，自第五年起，每年至少续派50名。

1909年游美学务处举行第一次赴美留学考试，应试者640人，原想录取100名。7月20日在学部衙门考棚考试，当天考国文。21日考英文。23日和24日阅卷，张榜录取后准许再考其他学科。25日考代数、平面几何、法文、德文、拉丁文。26日考立体几何、物理、美史、英史。27日考三角、化学、罗马史、希腊史。随时阅卷，合格者填志愿书，另定日期放洋赴美。结果，录取程义法、金涛、梅贻琦、胡刚复、王士杰、金邦正、何杰、秉志、张准（即张子高）等47人于10月赴美。事后，外务部、学部会奏此次考试时说："此次仓猝考试，虽未足百名之额，而所派学生四十七名程度均有可观，年龄亦皆合格。"

1910年7月举行第二次赴美留学考试。第一场考国文论说与英文论说（作文、翻译）。中文试题是"不以规矩不能成方圆说"，英文试题为"借外债兴建国内铁路之利弊说"。初试合格后再复试数、理、化、西洋史及德文或法文。结果在400余人中录取了赵元任、张彭春、钱崇澍、竺可桢、胡适、庄俊、易鼎新、周仁等 70 名，同年 8 月赴美。

1911 年 6 月（农历）学务处又举行第三次赴美留学考试，结果，姜立夫、陆懋德、杨光弼、卫挺生、吴康等 63 名考中，于 7 月赴美。

这三批直接留美生共 180 人，都是 20 岁以下的青少年男生，因为考试难度大，对英文的要求特别高，所以录取者大都是教会大学和国内有名的新式学堂。如第二批录取 70 名中，上海约翰书院 12 名，上海南洋公学 7 名，岭南学堂 5 名，复旦公学、南洋中学、唐山路矿学堂、江南高等学堂各 4 名。如按省计，这 70 人中江苏 29 人，浙江 14 人，广东 10 人，其他部分省份二三人不等。历次留学生，也都以这三个省为最多。

游美学务处的第二件工作是资助已经在美国就学的自费生，使他们能够完成学业。1909 年 3 月 12 日学务处呈准学部，由庚子赔款中拨一部分补助自费生。规定：

① 品行端正、学业优美、家境贫寒，且须在美国大学本科二年级以上者。

② 每名每年补贴 480 元（美元），按月发给。

③ 每次以一年为度，至多不超过 3 次。

④ 津贴人数：50 名。

这项举动，对鼓励留学，对解决自费留学生的困难都是一项有力的措施。

庚子赔款留学另一项重大措施是设立留美预备学

校，当时的办学宗旨就是为留美学生进行预科培训，具体做法是在国内招考留美学生，经过训练，"择其学行优美，资性纯笃者，随时送往美国肄业"。所以当时的外国人通常把清华学校称为"赔款学校"，也有国人称它为"国耻纪念碑"，这是因为清华学校最初是用美国退还庚子赔款余额办起来的。

游美学务处一面直接选派学生赴美留学，一面着手筹建游美肄业馆。1908年8月，经外务部、学部奏准，由内务部将清室皇家"赐园"清华园拨给游美学务处，作为游美肄业馆的馆址。肄业馆原定1910年秋季开学，但因所聘美国教席尚未到馆和馆舍尚未完全竣工，所以推至1911年春季开学。

在肄业馆筹备期间，游美学务处又提出创设留美预备学校的方案。这是因为当时国内新式学堂为数尚少，完全从新式学堂直接招收留美学生难以招足，前三批招生不足现象就已证实这个问题。另外，直接招生的标准还存在理解与掌握的不同。外务部主张招16岁以下的幼年从小培养，才能把外语学得专精。学部则主张招收30岁以上的中年，否则"国学既乏根基，出洋实为耗费"。据范源濂讲，当时甚至闹出大笑话：外务部阅卷英文第一名者，在学部则一分未得；而学部取第一之人在外务部也一分未得。另外，肄业馆已招收学生500名，但"遣派名额岁有定数，旧生未尽派出，新生相继入堂"。鉴于这些原因，学务处提出将游美肄业馆改为清华学堂，设高等、初等两科各设四年级。高等科将来直接进入美国大学或大学研究院，这样做"成功较速"。而未能留美的学生，在校也学得专门知识。游美学务处认为清华学校学生不仅于游美一途，因此自应改游美肄业馆为清华学堂。清政府批准了这个奏请，1911年2月，游美学务处和筹建中的肄业馆全部迁入清华园，正式将肄业馆改为清华学堂。学堂设正、副监督三人，正监督由学务处总办周自齐担任，副监督为学务处会办唐国安、范源濂担任。

1911年3月，清华学堂在北京宣武门内学部考棚对学生进行入学复试。参加复试的有各省保送的184名学生，上年备取留美生143名和在北京招收的141名，共计468名。经复试，全部合格入学，其中94人编入中等科，其余入高等科。高等科学习4年，中等科学习8年。这是清华学堂最早的一批学生。1911年旧历3月1日正式开学。例如，潘光旦1913年进清华学校，1922年毕业出国。开始插入美国大学三年级，半年后又插入四年级。在美国，一般规定念五年大学，公费最多可达六年，念到第六年公费就停止了。

1911年10月辛亥革命爆发，清华学堂多数学生因害怕战争而跑回各自家乡。加上清朝政府又挪用了这一年的退还庚子赔款用于军费，清华没有经费了，于是只好关门。1911年11月9日学堂宣布停课。1912年袁世凯当上民国的临时大总统，游美学务处总办周自齐被任命为山东省长，会办范源濂也升任教育部次长。由于学堂正副监督离校，北京政府外交部遂将游美学务处撤销，它的一切职权都划归清华学堂，任命唐国安为监督，周诒春为教务长。这就是说，以后凡是以庚子赔款赴美留学的事情全部归清华学堂管理，这表明，这个学校不仅有教育的职能，还有教育行政和外交的职能。

1912 年 5 月 1 日清华学堂重新开学，返校学生仅360 人。10 月，清华按教育部关于普通教育办法规定，将学堂改为学校，把监督改为校长。唐国安任清华学校第一任校长，周诒春为副校长。

1912 年，继前三批由学务处直接选送留美学生之后，清华学校第一次选送侯德榜等 16 人赴美留学。以后，清华学校每年高等科毕业的学生都全部送美国留学。清华留美学生在美国由游美学生监督处管理。它本来是由学务处的派出机关，专门管理庚子赔款留美生的。从 1912 年 4 月以后，改为由清华学校直接管理，改称"清华学校驻美学生监督处"，设监督一人，由校长领导。此外，中国政府送到美国的官费生也由清华驻美监督处管理。由此看来，清华学校的驻美学生监督处就成为整个中国留美学生的管理机构了。这个监督处的职能主要是发放学生费用和"考核课务、约束风纪"，但实际上它对留美生是不监不督，只是按月发发留学生的费用和津贴而已。

驻美监督处设在华盛顿，第一任监督是清朝政府派去的驻美公使馆参赞容揆，清华学校时期有赵国才、梅贻琦等人。

自从 1912 年清华学校派学生赴美留学开始，以后每年都派遣学生赴美。据 1936 年 4 月清华大学校长办公处印行的《清华同学录》所载数字，从 1912 年到

1925 年，清华共派出留美学生人数 853 人，其中本科生 763 人，专科生 47 人，女生 43 人。此外，从 1916 年至 1929 年，给自费生补助共 500 余人，每人每年补助 480 元，连续补助 3 年。

黄炎培发表了一份由留美学生会编印的 1914 年至 1915 年留美学生题名录。截至 1915 年，留美学生总数为 1248 人，其中庚子赔款派遣的约 320 人，各部各省派遣的公费生约 160 人，其余都是自费生。从这个局部统计可以大体上告诉我们一个比例：自费留学生最多，庚子赔款生比政府公派生为多。这个统计数字告诉我们：自从有了庚子赔款留美生之后，中国留美教育得到迅速发展，清华学校对我国的留学教育的贡献是很大的。

1923 年以后，美国生活费越来越昂贵，留美费用因之猛增。退款数字已有不敷支出之感，于是不得不采取收缩政策。另一方面，是国内舆论对把退还庚子赔款完全用于留学的政策提出指摘。1924 年中华民国全国教育会联合会庚子赔款事宜委员会对于各国退回庚子赔款用途发表了宣言，指出：庚子赔款总额是按照全国人口平均每人罚一两计算的，退还庚子赔款也应该退回各省以办理义务教育，为全国各个人谋幸福。宣言又指出："此款退回，应该用以教育全国的子弟，不应当用于中央所设的少数学校，或各国教士所设的教会学校，以教育一阶级或一部分人民。"

这时国内教育思潮也已经趋向于教育自主，认为清华学校办学方针应当改变，应该自己办一个完全永久的大学，不只是一个留美预备学校。于是后来越来越缩小留美学生名额，每年至多以 50 名为限，所余之款，筹办自己的大学。1925 年改招大学一年级学生 100 名，这是后来办大学的基础，同时又办了一个国学研究院，招收研究生 30 名。1928 年 8 月改为国立清华大学。庚子赔款基金全部移交中华教育文化基金董事会管理。

从 1911 年清华学堂开办，到 1929 年留美预备部结束，清华学校共派送留美学生 1279 人，其中包括最初三批直接留美生 180 人，幼年班 12 人，女生 7 批共 53 人，专科生 9 批共 67 人，其余 967 人都是本科生。此外，津贴自费生共 476 人，特别官费生 10 人，各机关转入清华的官费生 60 人，还有袁世凯后裔生 2 人。

3 南京国民政府时期的留美学生

从 1927 年南京国民政府成立，至 1949 年中华人民共和国成立，南京政府统治 22 年间，中国学生留学美国大致可分为三个阶段。

第一阶段，从 1927 年至 1937 年，即战前 10 年，或 10 年内战时期。据统计，在 1925 年至 1928 年间，中国留美学生人数保持在 2500 人上下。但从 1929 年开始，留美学生人数开始减少。其主要原因有三：一是从 1929 年开始美国发生了严重的经济危机；二是南京政府整顿留学教育，改变过去的放任主义政策。1929 年南京政府公布了《发给留学证书规程》，规定：

凡往外国留学的公费生自费生及津贴补助费生，必须具备以下两条资格才能领取留学证书出国：①高级中学以上学校毕业者；②中等学校毕业并办理教育事业二年以上者。该规程还规定：留学生出国必须有保证人填写保证书，由保证人对该生留学期内应需经费及其他行为负完全责任。以上规定，限制了一部分有志于留学而资格不够的青年学子。据统计，1927年中国留美学生人数为2500人，到1929年减少到1279人，1930年以后更少。1933年后又有所回升，其主要原因是美元跌落。据统计，1935年，在美国各大专学校注册的学生有1443人，1936年为1580人，1937年为1733人。

南京政府成立后，由于连年的内战和政治纷争，政府财政状况不佳，用之于教育的经费少得可怜。所以，这一时期与20年代相比，公费生和自费生的比例日趋悬殊。据南京政府教育部的统计，从1929年至1937年，9年间公费留美生仅318人，平均每年仅35人。而同期自费生为1517人，平均每年168.5人。公费生和自费生的比例约为1∶5。

第二阶段，是抗战时期，即从1937年至1945年，共8年。抗日战争爆发后，许多在海外的留学生纷纷辍学回国，共赴国难。留美学生回国的也很多。据统计，到1939年时留美学生减少到1163人。与此同时，南京政府为适应战时体制，对出国留学作了更进一步的限制。1938年南京政府教育部公布了《限制留学暂行办法》四条，1939年4月又颁布了《修改限制留学暂行办法》，该办法规定：在抗战期内，公费留学生，非经特准派遣者，一律暂缓选派；自费留学生，除得有国外奖学金，或其他外汇补助费，足供留学期间全部费用，无须请购外汇者外，一律暂缓出国。无论公费生或自费生，必须具有以下资格：公立或私立大学毕业后，继续服务或研究二年以上者；或公私立专科学校毕业后，继续服务或研究四年以上者。公费生一律以军、工、理、医等与军事国防有关的学科为限。同时，南京政府还要求在国外留学满三年以上者，一律限期回国。逾期不回国者，一律不发购买外汇证明书。由于以上种种限制，战时留美学生人数急剧减少。1938年至1941年，4年间，赴美留学人数仅193人。到1942年，在美国的留学生人数减少到987人。对于这些在战时继续留在美国的学生，社会舆论不乏微词，认为他们逃避现实。当然也不排除少数有权有势人家子弟确实为逃避兵役而出国留学的情况。特别是1941年太平洋战争爆发，许多美国大学生被征兵入伍，参加对日战争。有些美国学生对在美国的中国留学生说："我们去为你们打日本，你们却来此安坐读书。"

抗日战争进入后期，国际反法西斯斗争形势已经明朗化。中国战场的局势也开始趋于稳定。在这种背景下，南京政府重新放宽留学政策。1942年1月，南京政府教育部宣布废止限制留学生暂行办法，并根据为战后建设人才的需要，重新制订了留学生派遣计划。1943年教育部拟订了《留学教育方案》即《五年留学计划——中程计划》及《三十二年度教育部遣派公费留学英美学生计划大纲》（短程计划）和《教育部选派公费出国研究实习员生办法草案》等计划。《五年留学计划——中程计划》规定：1943 年由教育部选派公费留学生 1000 名，分赴英美留学。1944 年由教育部选派公费留学生 1000 名，分赴英美及其他国家留学；1945、1946、1947 三年每年由教育部选派公费留学生 1000 名，留学国别另行规定。依据上述计划，五年之内，派遣公费留学生 5000 名，自费留学生 5000 名，共计 1 万名。《三十二年度教育部遣派公费留学英美学生计划大纲》规定，1943 年向英美派遣 1000 名公费留学生，其中美国 700 名，英国 300 名。但这些计划并没有完全落实。据统计，1942 年有 170 人赴美，1943 年有 358 人赴美，1944 年有 149 人赴美，1945 年因庆祝抗战胜利，该年只有 2 人赴美。

第三阶段，抗战胜利后的留美热。国际反法西斯战争结束后，国际形势发生了巨大变化。德、意、日三个法西斯国家成了战败国。在反法西斯的盟国中，中苏关系非常冷淡，英法虽然同为胜利国，但在战时国力消耗太大，一时难以恢复元气，也无力接纳大批中国留美生。只有美国由于没有在本土作战，国力损失相对较少，文化教育设施也没有受到破坏。加之，中美两国在中国战区并肩作战，中美关系迅速升温。战后，美蒋关系亲密。美国政府不仅向南京政府提供了大量军事和经济援助，而且提供各种奖学金，鼓励中国留学生前往美国读书。1946 年 7 月，南京政府举行第二届自费留学生考试，录取学生 1934 名，至 1947

年 10 月，教育部发出留学证书 1163 人，其中赴美 1018 人。1946 年，教育部还进行了公费留学考试，向美国派出公费生 40 人。据统计，1948 年在美国大学的中国留学生达 2710 人，1949 年到达 3797 人，成为中国留美教育史上的第一个高峰。

然而，好景不长。抗战胜利后，蒋介石又挑起了全面内战。中国在 8 年抗日战争之后，又陷入了战火纷飞的内战中。中国人民解放军迅速歼灭了蒋介石的数百万美式装备的军队，南京政府即将崩溃，在新中国诞生前夕，纽约《华侨日报》发表社论，号召留美学生回国为建设新中国作准备。留美进步学生学者在美国匹兹堡、纽约、芝加哥、费城、明城等地"建社"、"明社"、"中国问题座谈会"等团体，在留美学人中开展动员回国活动。1949 年，留美进步学生学者等几个进步团体在美国中西部地区组织"美中科协"。不久，又在匹兹堡召开"留美科协"代表大会，在广大留美学生中广泛发动回国。8 月以后，"留美科协旧金山海湾区分会"、"洛杉矶区分会"、"西雅图区分会"相继成立。这些组织在动员和组织留美学生学者回国中发挥了重要作用。但是，当时的美国政府采取与新中国为敌的立场，对留美中国学生回国采取阻挠措施，他们声称不让数千名受过美国高科技训练的中国学生回国"资敌"。不过，在 1950 年美国政府从让中国留美学生把美国的自由民主思想带入中国大陆，并"和平演变"社会主义中国的目的出发，曾经通过美国驻印度大使馆，将 300 多名中国留美学生遣送回大陆。但不久，美国政府即感到这种做法"失策"，加之朝鲜战争爆发，中国政府宣布抗美援朝，中美两国处于交战状态，美国政府干脆绝对禁止中国留学生回国，并强迫他们无限期地定居美国。最后有4000名中国留美学生被强迫留在美国就业或继续进修。尽管有美国政府的种种阻挠，还是有大批留美学生、学者冲破阻挠与艰险，回到祖国。据统计，从新中国成立前夕到1956年，先后有2000多人回到祖国，参加社会主义建设。他们中有吴阶平、赵忠尧、钱学森、老舍、华罗庚、侯祥麟、严东生、邓稼先、谢希德、曹天钦夫妇、郭永怀、林兰英、张文裕等。

三　留学欧洲概况

洋务运动与留欧学生的派遣

　　中国最早的留欧学生，是清政府为培养海防人才而派遣的。

　　在两次鸦片战争中，西方侵略者凭借一支现代化的精锐海军，在中国沿海横冲直撞，如入无人之境。战争失败后，清政府中的一些封疆大吏从中认识到了建设一支现代化海军的必要性。闽浙总督左宗棠在给光绪皇帝的奏折中指出：外国有火轮兵船，而中国没有。一旦开战，侵略者就可乘虚而入，"藩篱竟成虚设"。左宗棠认为："欲防海之害而收其利，非整理水师不可；欲整理水师，非设局监造轮船不可。"也就是说，必须有自己的新式舰队，才能有效地抵御外侮。左宗棠的这个观点为清政府所采纳，从19世纪70年代开始，清政府开始筹建自己的海军。

　　1874年11月5日，清朝总理各国事务衙门制订了《海防亟宜切筹折》，强调筹办海防的必要性和紧迫性，并提出了"练兵"、"简器"、"造船"、"筹饷"、"用人"、"持久"六项办法。该折经沿江沿海各省督抚讨论后，总理衙门折衷各方面的意见，于1875年5月30日拟定了一个发展海军的方案，该方案肯定了加强海防和建立海军的方针，原则上同意建立"北洋"、"东洋"、"南洋"三支海军。但鉴于财力不足，决定先从北洋海军建起，依次成军。同一天，清廷发布上谕，任命李鸿章、沈葆桢二人负责筹办北洋、南洋海防事宜，授以办理海军的全权。

随着中国海军的建立，派遣海军留学生，也就随之提到了议事日程上来了。

早在1873年12月26日，船政大臣沈葆桢即会同陕甘总督左宗棠上奏清廷，建议派遣福州船政学堂学生赴英、法两国学习造船与驾驶。此事得到清廷的原则同意。清廷并饬令总理衙门与直隶总督兼北洋通商大臣李鸿章、南洋通商大臣李宗羲、陕甘总督左宗棠等筹商具体办法。正在筹划之际，1874年发生了日本侵略台湾事件，派遣留学生一事便搁置了下来。台湾事件结束后，沈葆桢鉴于留学章程尚未制订，留学经费又一时难以筹集，便于1875年4月18日趁福州船政局技术监督、法国人日意格回国之便，奏准派遣福州船政学堂魏瀚、陈兆翱、陈季同、刘步蟾、林泰曾等5人随日意格前往英法等国游历。到欧洲后，魏瀚、陈兆翱、陈季同三人安排在法国船厂学习制造，刘步蟾、林泰曾被安排在英国高士堡学堂学习，并在英国军舰上实地操练。这5个人，可以说是我国向欧洲派遣留学生的先导。

1876 年，直隶总督兼北洋大臣李鸿章也乘洋员回国之机，派武弁卞长胜、朱耀彩、王得胜、杨德明、查连标、袁雨春、刘芳圃等 7 人赴德国学习陆军操法。

在此前后，还有一些零星的自费赴欧洲的留学生。

1872 年，何启进入英国学习，1875 年入阿伯丁大学学习医学，1879 年转入林肯法律学院学习，1882 年毕业。1875 年，伍廷芳由香港赴英国留学，毕业于林肯法律学院，获英国大律师资格。

1877 年 1 月 13 日，由直隶总督兼北洋大臣李鸿章、两江总督沈葆桢、船政大臣吴赞诚联名上奏《选派船政生徒出洋肄业章程》。李鸿章等人在奏折中说：

> 窃谓西洋制造之精，实源本于测算、格致之学，奇才迭出，月异日新。即如造船一事，近时轮机、铁胁一变前模，船身愈坚，用煤愈省，而行驶愈速。中国仿造皆其初时旧式，良由师资不广、见闻不多，官厂艺徒虽已放手自制，止能循规蹈矩，不能继长增高。即使访询新式，孜孜效法，数年而后，西人别出新奇，中国又成故步，所谓随人作计，终后人也。若不前赴西厂观摩考索，终难探制作之源。至如驾驶之法，近日华员亦能自行管驾，涉历风涛；惟测量天文、河线，遇风保险等事，仍未得其深际。其驾驶铁甲兵船于大洋狂风巨浪中，布阵应敌，离合变化之奇，华员皆未经见。自非目接身亲，断难窥其秘钥。查制造各厂，法为最盛，而水师操练，英为最精。

58

闽厂前堂学生本习法国语言文字，应即令赴法国官厂学习制造，务令通船新式轮机、器具无一不能自制，方为成效。后堂学生本习英国语言文字，应即令赴英国水师大学堂及铁甲兵船学习驾驶，务令精通该国水师兵法，能自驾铁甲船于大洋操战，方为成效。如此分投学习，期以数年之久，必可操练成才，储备海防之用。

李鸿章等人的奏折，很快得到清廷的批准。1877年3月31日，福州船政局首批30名出洋学生在华监督李凤苞与清政府聘请的洋监督日意格带领下，启程赴欧洲。随行的还有随员马建忠、文案陈季同、翻译罗丰禄。所以实际上是33人。他们的名字是：马建忠、陈季同、罗丰禄、刘步蟾、林泰曾、魏瀚、陈兆翱、蒋超英、黄建勋、林颖启、江懋祉、林永升、萨镇冰、叶祖珪、方伯谦、严复、何心川、郑清濂、陈林璋、杨廉臣、吴德章、李寿田、梁炳年、林怡游、林庆升、林日章、张金生、池贞铨、罗臻禄、高茂勋、袭国安、郭瑞珪等。

1881年12月2日，李鸿章等又奏准选拔福州船政学堂学生10名赴英国、法国、德国留学，学习枪炮、制造、火药、鱼雷、驾驶、营造等。

1886年5月10日，由裴荫森奏准，派遣北洋水师学生陈恩涛、刘冠雄等10名、福州船政学堂学生黄鸣球等10名，共20名赴欧洲学习驾驶。同时，从福州船政学堂学生中选派郑守箴等14名赴欧洲学习制造。

其中黄裳吉因在北洋水师任职，未及成行，所以这批留欧生实际上是 33 人。

1897 年 6 月 2 日，由裕禄奏准，选拔福州船政学堂学生施恩孚等 6 名赴法国各大学学习制造新法。

以上四批留欧学生共 79 名，加上第一批带职学习的 3 名，共计 82 名。其中有 4 名病故在国外，有 1 名未能及格。总计学成归国的 76 名。

清政府这次派遣留欧学习，有明确的培养目标，并制定了严格的学习大纲，对于留学生的学习课程、期限、所要达到的程度都有明确的规定。这批留学生深知他们自己肩上的责任，他们表示要"穷求洋人秘奥，冀受国家将来驱策"。这批留学生大都能刻苦用功，所以大多数成绩优良，学有所成。例如在英国学习的刘步蟾于 1879 年通过英国海军部考试，获得优等文凭。英国远东船队司令斐利曼特对他的评价是："涉猎西学，功深优异。"由于这些留欧学生大都成绩优良，不仅掌握了西方先进技术，同时也改变了欧洲人向来轻视中国人的观念。

从 1880 年后，留欧学生陆续回国，成为我国海军建设中的骨干人才。当时的北洋海军提督丁汝昌系旧式陆军出身，对现代海军业务是门外汉。北洋海军的操练以及整顿事宜，全由留欧回国的刘步蟾主持，后来他提升为北洋海军右翼总兵，另一名留欧学生林泰曾担任北洋海军的左翼总兵。此外，叶祖珪担任北洋海军副将、萨镇冰担任北洋海军帮统。刘冠雄在民国后担任海军总长。北洋海军中主要军舰的管带（相当于舰长）也大都由这批留欧生担任。林永升任经远舰管带兼左翼左营副将，叶祖珪任靖远舰管带兼中军右营副将，方伯谦任济远舰管带兼中军左营副将；黄建勋任超勇快船管带兼左翼右营参将，邱宝仁任来远管带，李鼎新任定远舰副驾驶。此外，广甲舰管带吴敬荣是留美学生，致远舰管带邓世昌曾赴英国、德国考察一年，广丙舰管带程璧光曾赴英国船厂学习过。由此可以看出，留欧学生成为清末海军中的骨干力量。

在 1894 年的中日甲午海战中，留欧学生用生命和鲜血谱写出了一出悲壮的爱国主义诗篇。

1894 年 9 月 17 日，北洋舰队与日本联合舰队在鸭绿江口外的黄海海面相遇，双方展开激战。开战前，担任旗舰定远舰管带的刘步蟾即发出了"苟丧舰，将自裁"的誓言。开战后，北洋舰队摆出"人"字形阵，定远舰恰在"人"字尖上，冲锋在前，将日本联合舰队拦腰截断，连创日舰三艘，并击毙赤城舰舰长。北洋海军提督丁汝昌负伤后，刘步蟾主动承担指挥责任，表现尤为出色。战至下午三时，形势对北洋海军不利，定远、镇远二舰被日舰五艘团团包围，处境十分危险。在这种情况下，刘步蟾和林泰曾指挥各舰誓死抵抗。定远和镇远二舰，互相依恃，并肩战斗，与优势日舰拼死作战。定远舰重创日舰多艘，并几乎置日本联合舰队司令伊东祐亨乘坐的旗舰松岛号于死地。连敌人也不得不承认："定远、镇远二舰顽强不屈，奋力与我抗争，一步亦不稍退。"在定远、镇远二舰打击下，日本舰队五艘战舰于下午 4 时试图逃遁。在定远和镇远

舰的追击下，五艘日舰不得不回头应战。战至下午 5
时半，日舰害怕被歼，趁暮色逃却。黄海海战后，丁
汝昌离舰养伤，清廷任命刘步蟾代理海军提督。1895
年 2 月 5 日，定远舰遭日本鱼雷艇偷袭，中雷进水，
势将沉没。刘步蟾果断地下令砍断锚链，将舰驶至刘
公岛铁码头东侧浅滩搁浅，作水炮台使用。在以后的
几天里，定远、镇远等军舰与刘公岛炮台配合，先后
击退敌人的八次进攻，至 2 月 10 日，舰上弹药告罄，
为使战舰不落入敌手，刘步蟾下令炸舰自沉。当天夜
里，刘步蟾自杀殉国，真正做到了"船亡与亡，志节
懔然"。在这次海战中，超勇管带黄建勋、经远管带林
永升、镇远管带林泰曾也先后壮烈殉国，表现出了高
度的爱国主义精神。

那些进入海军制造局、船政局和海军学堂服务的
留欧学生，也都在各自的领域发挥了重要作用。特别
值得一提的是，第一批赴英留学的严复，在留英期间，
除了学习海军外，在课余时间还大量阅读了当时最负
盛名的资产阶级哲学家、经济学家和思想家亚当·斯
密、孟德斯鸠、卢梭、达尔文、赫胥黎等人的著作，
而且对当时的英国社会进行了深入的社会调查，初步
奠定了他的资产阶级民主思想。他下定决心要用西学
来振兴中华，挽救民族危机。从 1896 年起，严复陆续
翻译了《天演论》、《群己权界论》、《群学肄言》、《社
会通诠》、《法意》、《穆勒名学》、《名学浅说》等书，
把西方资产阶级古典经济学和政治理论，系统地介绍
到中国，成为向中国人介绍西方资产阶级古典经济学

说和自然科学、哲学等理论知识的第一人，在中国思想史上开创了一个新纪元。特别是他翻译的《天演论》，传播了斯宾塞的社会达尔文主义，"物竞天择，适者生存"正适合了甲午战争后，在危机意识笼罩下的中国人的心态，因而在思想界产生了长达数十年的巨大影响。胡适后来回忆说："《天演论》出版不久，不上几年，便风行全国……几年之中，这种思想像野火一般燃烧着许多少年人的心和血。天演、物竞、淘汰、天择等术语都渐渐成了报纸文章的熟语。"

严复通过翻译介绍西方资产阶级的理论学说，创造性地给予了中国人以一种崭新的资产阶级世界观，从思想根基上突破了封建主义的意识形态，影响了一代又一代中国的知识分子，在中国近代思想上占有重要地位。1949 年，毛泽东在总结中国民主革命的经验时，将严复与洪秀全、康有为、孙中山并列，称他们是"在中国共产党出世以前向西方寻找真理的"的四个代表人物。

② 清末新政与留欧学生的派遣

从 1901 年开始，清政府宣布实行"新政"。这年 4 月，成立督办政务处，以奕劻、李鸿章（李死后，由袁世凯补任）、荣禄为大臣，刘坤一、张之洞遥为参赞，作为主持"新政"的机关。清末"新政"的主要内容是调整官制、整顿吏治、改定刑律、编练新军、奖励实业等。适应新政的需要，清政府开始大规模派遣留学生。这一时期派遣国主要是日本，但派往欧洲各国的也为数不少。

1902年，清政府正式饬令各省选派学生赴欧洲留学：

> 泰西各国，或以道远费多，资送甚少。亟应广开风气。著各省督抚，选择明通端正之学生，筹给经费，派往西洋各国讲求专门学业，务期成就其才，以备任使。

这是清政府首次下令各省派遣学生赴欧洲留学。此后，清政府和各省陆续派遣学生赴欧。

1903年，湖广总督端方连续两次奏准清廷，派遣杨荫蓁、吴国良、汪钟岳、罗葆寅、胡秉柯、魏宸组等24人前往比利时学习实业；派遣陈篆等8人赴德国留学；派遣萧焕烈、夏维松、严式超、刘文彬等4人赴俄国留学。

1903年12月21日，清政府管学大臣张百熙奏请派遣张耀曾、朱深等31人赴日本留学，俞同奎等16人赴欧洲各国留学。这是清朝中央政府第一次向欧洲派遣留学生。

1904年，清朝出使比利时大臣杨晟以比利时矿业、铁路及制造技术在欧洲处于领先地位，且学费低廉，奏请由各省派遣学生赴比利时留学，经清廷批准，随即颁布了《各省派生游学比国章程》，规定根据各省面积大小、财政赢绌，每省选派10至40人赴比利时学习。这个计划后来虽然没有完全实现，但此后凡学习路、矿、制造专业的，十之八九前往比利时。

1904 年 9 月 15 日，清政府外务部与学部大臣共同拟订了《游学西洋简明章程》，该章程共六条，对留欧留学学生所学专业、年限、所学语言以及品学、监督及考核等均作了详细规定。

根据有关材料统计，自 1903 年至 1911 年，清政府历年官派留欧学生数如下：1903 年 70 人，1904 年 59 人，1905 年 111 人，1906 年 32 人。1907 年陆军部与法国商定，每年选派 15 人赴法国陆军大学学习，江苏选派 10 人赴奥地利留学；1908 年，浙江考选 20 名学生留学欧美；1910 年邮传部考选 12 人赴奥地利学习邮政；1911 年，浙江派遣 20 人，分赴美、德、法、比四国学习。

清末的留欧生，从派遣方式来看，以公费为主，自费留学生较少。主要是因为欧洲路途遥远，所需费用巨大，非一般人家所能承受。据大买办徐润自叙年谱记载，他的第四个儿子建侯在北洋大学读书四年后，于 1900 年自费赴美，留学五年毕业。前后九年共计用费近 3 万两。他的第五个儿子超侯自 16 岁起聘请一名外国人做家庭教师，五年后自费留学英国，留英九年，尚须二三年才能大学毕业，前后用费已为建侯的一倍。当然，徐润的两个儿子自费留学，花费如此巨大，可能跟富家子弟挥金如土有关系。但即使节省 10 倍，为数还是不少，非一般家庭所能承受。1904 年山西省官费留英生 23 人，自费生仅 2 人。这两名自费生系堂兄弟，其中 1 人年仅 19 岁，却是候选知县，可见，也不是出生于一般家庭。据有人研究，这一时期，官费生和自费生的比例约为 7:3。

从留欧学生国别来看，以法国、英国、比利时、德国居多，奥地利、俄国人数较少。据统计，1908 年至 1910 年前后，中国留欧学生人数约为 500 人。其中留法学生 140 余人，留英官费生 124 人，留德学生 77 人，留俄学生 23 人。留比利时学生不详，据估计，与留英、法两国人数大体相当。

从留欧学生所学专业来看，官费生主要是学习理、工科，清政府曾明令："凡官费出洋学生，概学习农工格致各项专科，不得改习他科。""习法、政、文、商各科者，虽入大学，亦不得给官费。"这与清政府为新政培养实业人才的指导思想是一致的。清政府从编练新军的需要出发，也向德国等国派遣了一批学习军事的留学生。如后来成为著名军事理论家的蒋方震（字百里），在德国柏林步队营留学二年。此外，也有学习法律者，如王宠惠在柏林文科大学学习法律四年半，陈介在柏林大学学习两年半。与同时期的留日学生相比，留欧学生的政治兴趣要淡得多。这可能与留欧学生所处的环境和学习的专业有关。正因为如此，这批留欧学生大多数学有所成，获得了学士、硕士和博士学位。1910 年，48 名中国留法毕业生，有 33 人大学毕业，8 人获得工程师和硕士学位，7 人获博士学位，这与留日学生不可同日而语。

③ 留法勤工俭学运动

五四运动前后，中国兴起一次留法勤工俭学运动，前后没有几年，留法勤工俭学学生达到 1600 多人，声势之大，速度之快，实在是公费留学教育所望尘不及的。这项运动，不是官方教育部门组织的，不属于公费留学，但也不同于自费留学。以往所谓自费留学是家里供给，学生到国外留学，生活、学习都有着落。这次留法勤工俭学是穷人孩子的留学，全靠到法国去打工学习。短短几年的勤工俭学，为中国造就了不少有用的人才。但是赴法勤工俭学又是中国留学史上昙花一现的运动，后来就中止了。兴起来轰轰烈烈，衰起来也迅速、彻底。这有它的合理根据。兴得快有兴得快的条件，衰得快有衰得快的因素。从留学教育的角度，这份经验也很值得总结。

自发地又有组织地开展勤工俭学活动　留法勤工俭学运动的发起，同吴稚晖、李石曾、张静江、蔡元培这几个人的本人留学经历以及他们的留学主张有直接关系，这场运动也是他们直接发起的。

1902 年，驻法公使孙宝琦去法国，同行者有官费生和自费生 20 多人，李石曾、张静江也在其中。李石曾（名煜瀛）的父亲李鸿藻在同治、光绪年间历任兵部尚书、军机大臣等职，思想维新、主张新政，为他的儿子请来学贯中西的齐禊亭为塾师。当齐禊亭读报读到"孙逸仙革命"等消息时，李鸿藻不但不反对，反而赞许。李石曾认为"父亲助我为新世纪革命之人"。李石曾在笔记中又记述说："至于辛亥革命，则齐寓与其商店已成为吾人之革命机关"。这里所说的商店，是指齐家在北京崇文门内苏州胡同开办的专供西方人物品的商行义兴局。辛亥革命时期，汪精卫、吴稚晖、李石曾、蔡元培等人都分别在这里活动过。李石曾发起的俭学会、留法预备学校也都在这里筹议。这里成了同盟会员活动的据点。李石曾在赴法国途经上海时特别拜访了吴稚晖，二人谈得很投机。吴稚晖对留学教育早有自己的想法，于是对李石曾说："这一次你们去法国，机会难得，以后最好能帮助国内青年也多有去法国的机会，以便吸取西洋知识，为国家造就人才，而且人越多越好。到国外吸取新知识人不厌其多，但也需有人引荐。你们此去，等于打个先锋。"李石曾久慕吴稚晖，此番相见相谈，甚为欣喜、钦佩。事实上，有两点对后来李石曾发起留法勤工俭学是有重要影响的，一是赴法勤工俭学要有人引荐，二是赴法留学的人越多越好。后来的李石曾就成为主要引荐人，而且引荐的人很多。

1903 年，张静江在巴黎创办通运公司，此后的几年，通运公司及其分设的开元茶店成了自费赴法留学的接待站。通运公司接待的留法学生有汪汝祺、唐镜元、赵志游、赵子静、褚民谊等人及陆悦琴女士。后来官费生逐渐多起来，尤其是江苏、湖北两省更多。各省官费生最多时共达百人，1905 年留法同人组织了中华会馆于巴黎。

1904 年吴稚晖因受清政府政治压迫由上海到英国，实行苦学的留学生活。1908 年吴稚晖到法国巴黎组织印刷事业，同李石曾、褚民谊同住一个宿舍，试验过节俭生活。他们的生活费少于普通生活的一倍，每月房租 15 法郎，饭费 60 法郎。这一年，蔡元培同几个自费同学留学柏林，也实行俭学。1908 年，李石曾、夏坚仲等人发起创办远东生物学研究会，设试验室于印刷厂宿舍中。李石曾研究大豆的功用。1909 年，李石曾、齐竺山等人建立"巴黎中国豆腐公司"，并先后到李石曾家乡河北高阳县招募工人 30 人。豆腐工厂也有试验"以工兼学"之意。留法自费生也有来这个工厂做工的，与工人同宿同食，每人每月饭费 40 余法郎足够了。这就是后来"俭学会"的最早原由。这个豆腐工厂的工人白天做工，晚上学习中文、法文和普通科学知识，这样可以提高工人文化水平和工艺技能，既便利工厂提高工作效率，也探索了勤工俭学的路子，这也是后来旅法华工教育的起点。

1912 年，吴稚晖、张继、张静江、褚民谊、齐竺山、李石曾、吴玉章等 15 人发起留法勤工俭学，在简章中写道："改良社会、首重教育。欲输世界文明于国内，必以留学泰西为要图。唯西国学费，宿称耗大，其事至难普及。曾经同志筹思，拟兴苦学之风，广辟留欧学界。今共和初立，欲造成新社会新国民，更非留学莫济，而尤以民气民智先进之国为宜。兹由同志组织'留法俭学会'，以兴勤俭乐学之风，以助其事之实行也。"这是吴稚晖、张静江、李石曾等人鼓励青年以低廉的费用和苦学精神赴法留学，以达到培养人才、改造社会之目的。他们认为法国的思想自由较之世界其他国家更为突出。这个国家既无崇拜官绅之风，又不太迷信宗教，不尚繁文，富美感。我国工人在法国可以受到平等待遇，学到有用的知识和技能，他日归国以后，对于普及教育，振兴实业都能起很有益的作用。

留法俭学会设在北京，只有一间简陋的办公室，一张书桌和一部电话，但工作井井有条。他们发布了《留法俭学会会约》，明确宣布其宗旨和俭学费用标准。他们介绍法国社会情况和教育情况，使国内青年明白了赴法俭学每年仅用五六百元钱，是留美、留英费用的 1/3。于是俭学会成为青年欢迎的民间团体。

1912 年至 1913 年，俭学会共送走留法学生 100 多人，超过了以往官费生的总和。但这些人多数还是富裕家庭的子弟，至于贫寒人家子弟，虽说力求俭学，但这个负担还是难于承受的。所以留学教育对穷人家孩子还是难有机会。这时豆腐公司工人业余求学的显著成绩，启发了李石曾等人。李广安、张秀波、齐云卿根据几年的实践，正式提出了"勤以作工，俭以求学"的主张，李石曾对这个主张备加赞赏。在这些成功实践的启发下，李石曾和蔡元培等人于 1915 年 6 月在巴黎发起成立"勤工俭学会"，其宗旨为"勤以作工，俭以求学，以进劳动者之知识"。勤工俭学会成立之后首先在华工中开展活动。这时正值第一次世界大战期间，在法国的华工很多，于是组织华工以工兼学。

一是在工厂里利用工余时间每天学习 1 小时。所学科目完全结合本厂实际，如机械厂所设课程为机械制造、工厂管理、组织效率、英文和钢铁冶金性质等 5 门，以工厂为实验室，边干边学。第二种是在宿舍集中的地区设立补习学校，大都由留法俭学生为教师，这类学校有 20 多个。第三种是办华工学校，1916 年 4 月正式开学，招收有文化基础的华工 24 人为学生，开设中文、法文、算学、普通理化、图画、工艺、卫生、修身与公会组织等课程。教法语的是法国人。蔡元培编了智育、德育讲义，李石曾讲授生理卫生和修身课。法国政府也支持这一办学事业，拨给校舍，还给予经费补助。华工学校的开办，使勤工俭学运动步入实干阶段，在法国华工中和对国内青年都有很大的影响，推动了勤工俭学的发展。

后来，华法教育会的成立，推动勤工俭学运动步入高潮。在第一次世界大战期间，法国缺乏劳动力，于是便和北洋政府签订招工合同，从中国招募 10 万华工。大批华工赴法后，成为支持法国参战和国内生产的重要力量。法国政府认为应联合旅法华人知名人士，成立专门机构，负责对华工进行教育与培训。于是，热心于这一事业的法国人法士乃、穆岱等人和蔡元培、李石曾、吴玉章取得联系，双方发起华法教育会。1916 年 3 月 22 日正式成立，推举欧乐、蔡元培为会长，穆岱、汪精卫为副会长，辈那、法露、李石曾、李圣章为书记，宜士、吴玉章为会计。会所设在巴黎，宗旨是发展两国之交流，"尤重以法国科学与精神之教育，图中国道德、知识、经济之发展"。法国方面参加者的职业为：法士乃，社会学校教授；穆岱，下议员；欧乐，大学教授；辈那，中学教授；法露，农科实业学校教务长；宜士，共和工商会代表。华法教育会成立后，蔡元培、吴稚晖、张继、汪精卫、李石曾、吴玉章6人发表公启，指出教育会的计划有四：一是扩张国民教育，二是输入世界文明，三为阐扬先儒哲理，四为发达国民经济。眼前具体工作有三项：一是编辑出版中、法文图书报刊，二是介绍青年留法，帮助法国人赴华留学，三是发展两国经济，促进华工教育发展。它实际上成了中法两国文化教育交流的总机关。

1917年，蔡元培、李石曾、吴玉章等人返回北京，在北京成立了华法教育会和留法勤工俭学会。不久，在直隶和北京建立了三所留法勤工俭学预备学校。最早成立的是李石曾家乡高阳县布里村的留法工艺学校，李石曾亲自为这个学校找校舍、聘教员，蔡元培为这所学校题写匾额"业精于勤"。高阳学校第二期分设北方班和南方班，为的是语言和生活方便。接着，李石曾在保定育德中学内附设了留法高级预备班。1918年北京又建立法文专修馆，蔡元培任馆长，李石曾任副馆长，后来这个馆又在长辛店开办了一个预备班。从以上三个学校毕业赴法的著名人物有：蔡和森、李富春、李维汉、张昆弟、贺果、颜昌颐、赵世炎、罗学瓒、萧子暲、何长工等等。

继这些学校之后，在上海、成都、重庆、长沙、广州、无锡、马尾、济南、武汉、天津等地建立起20

余所留法预备学校，这也是我国留学史中预备学校最多的一次。由李石曾和中法航运部门联系，凡华法教育会介绍的勤工俭学学生，赴法船票一律减半收费（为100元）。在李石曾、蔡元培、吴稚晖、吴玉章的推动下，留法勤工俭学运动形成全国规模的高潮。从1919年到1920年，至少有1600人赴法勤工俭学。这些有志青年，抱着求知和救国的愿望，投奔西方。他们搭上日本的和法国的轮船，踏着太平洋和地中海的波涛，一浪接一浪地涌向法兰西，真正掀起一片留学大潮。清末民初公派赴法留学生寥寥无几，而1919～1920年赴法勤工俭学者竟数以千计。如此迅猛大潮到来其原因有以下几点。

首先，有像吴稚晖、蔡元培、李石曾、张静江、张继、吴玉章这些有影响人物的倡导与厉行。

这些人都是老同盟会员，吴稚晖在同盟会和国民党中有很高威信。蔡元培是民初第一任教育总长，俭学会酝酿期间他正在教育总长任上。张继是临时参议院议长。吴玉章在同盟会和在四川都有很高威望。这些人本人都主张苦行俭学并大都身体力行。他们是一批民主主义者，爱国与救民是他们奋斗目标。所以他们满心支持贫寒子弟大量赴法留学，学成之后，发展产业、发展教育，力图使国家早日富强起来。尽管这些人后来政治上两极分化，但这一时期他们的心是相通的，他们为国家造就有用人才费尽了10年的心血。没有这些人的个人活动，不可能有赴法勤工俭学运动。

其二，法国经济上的需要。

战争期间和第一次世界大战后，法国缺乏劳动力，为了让 10 万华工能成为熟练劳动力，法国政府也支持中国知名人士举办华工教育和勤工俭学事业。没有法国恢复经济的内在需要，法国政府不会容纳中国华工，更谈不上继续引进工读学生。事实上中国赴法学生大都在法国人不愿意干的化工厂和铸造厂工作。法国经济的需要是这场中国赴法留学运动兴起的客观条件。

其三，觉醒青年的迫切要求。

以往，出国留学大都是富人子弟的事情，尽管公费考试，能考上的也多是教会学校的学生。各省贫寒子弟能考上的极少。这是一种社会不公平。五四运动后，中国青年觉醒了，他们要学习俄国，要学习法兰西民主。湖南新民学会会员赴法就纯是为了考察西方社会矛盾，为了体会马克思主义原理，并寻求把它运用于中国的理论与道路。

以往，留学美国路费 500 元，每月生活费 80 美元，治装费 200 元，回国川资美金 250 元。现在有人组织赴法勤工俭学，赴法路费及到法国后头一两个月生活费共交 300 元就够了。去美国一年要预备 2500 元费用，去法国只要有 300 元就可以立足自立了。当然，上预备学校还要花上百元。这 400 元钱对贫寒子弟虽也是难于负担的，但还可拆借。另外，保定预备学校赴法旅费是每人 200 元，该校还规定："如无力自备此款或仅能备一部分者，本校亦可借给，俟其到法后，以工价偿还。"经费问题的解决为留法铺平道路。更何况还有像毛泽东这样一些人，为本省赴法学生经费而百般奔走。1920年有一批湖南学生实在无钱赴法，毛泽东在上海找到章士钊，章士钊拿出一大笔钱资助这批学生出国。建国后很久，毛泽东还对章士钊的女儿章含之讲：我还欠你爸爸一笔债。后来毛泽东从自己收入中按月偿还这笔钱。在中国，正是有这样一批人，为了祖国的富强而到处奔走，舍己助人。留法勤工俭学之成行，一是有广大青年的勇往直前，二是有各方人士的帮忙。

没有这诸多因素，很难能汇集出一股时代的洪流。

磨炼与成长 从1919年3月17日到1920年12月15日，共有17批赴法勤工俭学学生从上海出发乘船去法国。这17批留学生，除其中三批无统计数字外，其余14批共有学生1594人（大体数字，因为有的批数注明为"60余人"，本文均按60人计算）。其中，后来成为知名人士和革命领袖人物到法国的情况是：1919年9月2日第三批到法国的有陈毅、罗学瓒等人；1919年12月9日第五批到法的有李富春、李维汉、张昆弟、贺果等人；1920年1月14日第八批到法的有聂荣臻、颜昌颐等人；第九批到法国的有蔡和森、葛健豪（蔡和森的母亲）、蔡畅、向警予等人；1920年6月16日第十二批到法国的有赵世炎、熊锐、萧子暲、张天翼等人；1920年11月7日起程的第十五批有周恩来、郭隆真等人。

据1920年11月下旬连续报载的统计，这一期间到法各省人数：湖南326人，广东214人，四川188人，直隶110人，浙江84人，以下各省均几十人至几人不等，总计在 130 人。

年龄结构：15 岁以内约 20 人；16 岁至 20 岁者 500 余人；21 岁至 25 岁者 600 余人；26 岁至 30 岁者约 100 人；30 岁以上者约 10 人；40 岁以上者有湖南徐特立先生；50 岁以上者有湖南葛健豪老人。

男女生人数：男生 1200 余人，女生 21 人（湖南 10 人，广东 5 人，四川 4 人，福建 1 人，浙江 1 人）。

文化程度：小学约 30 人，中学 470 余人，师范约 100 人，大学约 90 人，法文预备学校 300 余人，其余为各行各业者。

到法后所在工厂：赖华涉化学工厂 88 人，慧密里熔铸厂 34 人，赖华涉船厂 17 人，哈佛史雷德工厂 49 人，司哥司人造丝厂 19 人，克鲁邹史来铁工厂 21 人，机器制造厂 14 人，圣得田列夫工厂 50 人，圣尚孟河凡工厂 60 人，拿格列橡皮工厂 36 人，其他人则分散在 72 个工厂之中。

在法国所在学校：蒙尼达公学 130 人，木兰公学 116 人，枫丹白露公学 160 余人，暮兰中学 77 人，杜鲁公学 72 人，舍得的利公学 86 人，圣香曼公学 83 人，方多孟中学 42 人。此外，在各公学、中学、专科学校者均是几十人至几人不等。

学生到法国后要过生活关、劳动关、语言关、学习关。每天除了上班干活，就是晚上学习，或凑足学费专门上学。留法学生工作虽苦，精神得到升华，这是教育上的一件大事。1920 年 3 月 15 日《时事新报》刊载徐特立的一篇文章，是讲他在法国看到中国学生苦生活的报道。徐特立说：我国学生在赖华涉化学工厂工作的共 53 人（注：当时在厂数，不是前后在厂数），河北 10 人、湖南 12 人、山东、四川各 4 人，在这个厂工作 7 个月了，每日工资多者 21 方，少者 10 方。每日读书 3 小时，大家共请一个法文老师，每人每月摊钱不到一方。每人每日伙食二方，另外，工作服、请厨师每月 25 方，从经济上，每月结余不少。这些学生初看起来，从衣服、容貌、态度上看，无一点学生气。他们在如此艰苦条件下能坚持 7 个月，"真是有奋斗精神"。徐特立说，在我看来，这些人"皆系自己抱负有远大希望"，"以上种种，皆系彼等精神上的一种信仰，一种真乐，故虽作苦工，亦不能移其志也"。这是一个革命家眼中的勤工俭学。徐特立在另一篇自述中讲：我若为赚钱，何必几万里到法国呢？我在湖南高师讲教育，一点钟银元三元，一日可赚十八元，折成法郎一天可赚一百二三十法郎，何必到法国每日 8 小时工作只赚四五法郎呢？徐特立来法国是为了学得真本事，不再靠"天天讲空文章"赚钱，"我们当教员的、学生的，能做工，岂不更贵重吗？"

北京《晨报》1920 年 12 月 25 日刊载一篇曙光写的《法国克鲁佐史来德工厂之勤工俭学生》一文，介绍了勤工俭学生状况。这个厂是法国第一世界第二的大厂。李鸿章曾经在这个厂买过大炮。赴法学生 21 人在这个厂做工。他们在蒙达士和木兰两个学校读几个月法文后于 1 月 4 日出校到厂。几个月后走了 3 个人，剩 18 个人，其中有湖南 12 人，罗学瓒就在这个厂。

开始，厂方以为他们是熟练工，分配他们 8 个人在电气车间，7 个人在铁道车间，5 人在机械车间，1 人在翻砂车间。3 天后，厂方发现他们根本不懂技术，于是客气地请他们到学徒部。只有电气工是随师傅工作，没去学徒。学电气的，头两个月每天 12 法郎，两个月后是 14 法郎。学徒工每天 5 法郎生活补助费，法国人是学徒 3 年，该厂对中国人很客气，两个月后就给他加补助费为每日 10 法郎。不久，又给他们转为正式工，工资每天 15 法郎，每月还有几十到一百法郎的红利。一个月 26 天工作，每月收入在四五百法郎，"除伙食零用，约可余三百佛郎，至少总可以节省二百五十佛郎。若能技能日进，工资日加，那将来每月就是净储四五百佛郎，也是可能的事。照这样看来，勤工俭学究竟可能不可能，想大家都已了然，无须多说了"。

工作时间每天 8 小时，每天有 3.5 小时学习时间，大家凑钱请了个法文教师。后来按工种又凑钱请电学教师、机械教师。勤工俭学不拘形式，不一定必须到学校学习。不少学生起初只想俭学，不想勤工。但"劳工神圣"的呼声一天高似一天，这些学生对于做工的观念，也有变化。这个厂的同学黄仁浩曾对这篇文章的作者说："我们现在这种劳逸平均有规律的生活，真是幸福，在国内恐怕万难找到。"黄仁浩曾是广东参议院的秘书，"不有觉悟，哪里会跑到那陈腐的社会心理所视为下贱的劳动界去呢?"

到法国勤工俭学的人，虽然他们在国内经过一些民主运动的洗礼，但还是不懂得生活。他们当中大部分人是四体不勤，长时间走的是读书、做人上人的道路。他们到法国，能放下读书人的架子，做下等人的工作，生活在底层，这对后来他们回国工作，有重要人生意义。关于勤工俭学能否造就高深学问，罗学瓒在答徐特立书中回答了这个问题。他说：通常造就高深学问要有三个条件：一要勤奋，二要有时间，三要有金钱。现在勤工俭学学生，大多数是受爱国新思想鼓舞，都觉得自己要努力做人，就要努力求学。在此地做工的20人，只有一二人好玩不喜读书，其余都甚好学，作工之后，看书学法文，枯坐不动。作工8小时之外，"至少能读四小时书"，加上节假日，如果本人再抓紧，"作工的时候也可以一年当学校半年"。现在"每日工资多的有二十佛郎至三十佛郎的，少的也有十来个佛郎，最通常的是十五六佛郎一天。以此地为例，每月除饮食用费外，多的可余二百余佛郎"。如果一年能存二千佛郎，就可供较便宜学校的一年之用，也就是作一年工可专读一年书，"换言之，就是勤工俭学六年，可以当专居学校四年半"。如果做工的专业是电工，将来入电气学校，"这于研究高深的电气学问，并没有妨碍，并且是必经的手续"。罗学瓒在这篇文章最后又说，勤工俭学的意义，应当更加全面加以研究，即：工读关于我们的精神、身体、品性、学业的关系；此外，工读与世界问题、中国劳动问题、中国实业问题、中国教育问题的关系；还有工读与专门留学之比较。罗学瓒提出了更为深刻、更为全面的题目，可见他的思想已经进到很高深的地步。

罗学瓒是一批先进革命青年的一个代表。在法国勤工俭学的青年中，有一批中国青年的精华，他们来法国，更多的是为了了解欧洲社会，寻求革命理论，寻找改变中国命运的良策。旅欧共产党巴黎小组及共产主义性质团体的出现，正是留法勤工俭学运动旁生出来的一个闪光的硕果。

张申府、赵世炎、陈公培三人都是来法国前加入共产主义小组的。到法国后他们又介绍了刘清扬、周恩来入党。于是他们5个人组成共产党巴黎小组，这是1921年3~4月间的事情。

与此同时，新民学会在法国也在活动。从1919年春到1920年冬，新民学会会员赴法的有18人，他们先后到法国的是萧子升、罗学瓒、张昆弟、李维汉、曾星煌、蔡和森、蔡畅、向警予、熊季光、萧子暲、熊叔彬、陈赞周、熊焜甫、张百龄、刘望成、欧阳玉生、劳君展、魏运厂等。这些会员以蔡和森为代表，形成了以蒙达尼为中心的组织活动。他们经常同国内毛泽东通信，商量建立中国共产党问题和中国革命中的许多重大问题。这些《新民学会通信》记录着勤工俭学生思想政治上的进步与成长。1920年7月6日至10日，新民学会在蒙达尼召开会议，决定以"改造中国与世界"为学会宗旨。后来一些会员迁到蒙达尼，李维汉和迁来的会员在胶鞋厂做工，工余时间学习《共产党宣言》、《社会主义从空想到科学的发展》、《国家与革命》、《无产阶级革命与叛徒考茨基》、《共产主义运动中的"左"派幼稚病》等小册子。通过学习，他们了解了马克思主义的基本理论，认识到中国要走十月革命的道路。在这个思想基础上，他们主张要公开地正式成立中国共产党。他们当中，蔡和森、蔡畅、向警予、罗学瓒、张昆弟已经是共产主义思想的知识分子。

1920 年 8 月在法国又成立"工学世界社"，不久在蒙达尼聚会。12 月 23 日上海《时事新报》发表萧三介绍工学世界社的文章，说"工学世界社的宗旨与希望，看他的字面便可知道，他是以工学的精神和方法，谋世界的改造与进步，他是要使世界成为工学的世界"。社章的第一条还讲，要"以实行社会革命为宗旨"。这是旅法中国人最初的追求社会主义的组织。出席这次聚会的有张昆弟、李富春、罗学瓒、李维汉、贺果、萧子暲、颜昌颐、郭春涛、欧阳钦、汪泽楷、尹宽等 30 多人。

1921 年 2 月在法国留学生中又建立了劳动学会，成立时成员有赵世炎、李立三、刘伯坚、刘伯庄、陈公培、罗汉、周钦岳等人。赵世炎在成立会上提出"我们是无产阶级，必须组织工人进行革命"。但当时并不懂得如何革命，但眼前大家都积极从事勤工俭学的组织工作。不久，以劳动会为核心组织成立"勤工俭学学会"，王若飞、陈延年、陈乔年都参加这个学会，其领导核心是赵世炎和李立三。

从 1920 年底开始，法国经济不景气，有 500 多名勤工俭学生找不到工作，成为领取维持费的待业人员，住在华法教育会院子里的帆布工棚里。这时华法教育会中也有一些腐败分子贪污支援学生的各省捐款，并指责学生"既无勤工之能，又乏俭学之志"，两次布告宣布与学生脱离关系并停发维持费。学生同驻法公使陈篆交涉无效。新民学会和工学世界社成员决定支持巴黎的正义要求。2月28日，蔡和森、张昆弟、李维汉、向警予等率大部分会员到巴黎，向中国驻法公使馆请愿，被法国军警马队打伤、冲散。周恩来急从英国赶来，写了《留法勤工俭学生之大波澜》一文，登在天津《益世报》上。二二八运动使不少学生开始接受马克思主义改造世界方法的问题。蔡和森和赵世炎在蒙达尼会见，促进日后学生的联合，对更多青年寻找革命道路产生了重要影响。

二二八运动后，赵世炎、周恩来等几人在巴黎组织共产党小组。6月份，周恩来等人又领导了反对北洋政府朱启钤来法国谈判3亿法郎借款的运动，召开拒款大会，包围并痛打了公使代表，经过两个月的斗争，使中法秘密借款被迫中止。

拒款运动触怒了法国统治阶级。在拒款运动正值高潮的8月份，法国用送维持费的办法，令学生继续返校工读，企图让学生退出运动。但是爱国学生拒受这一"好意"，于是法国政府决定停发中国学生的维持费。这时国内又传来消息：里昂中法大学已在国内招生100名，由校长吴稚晖带领即将于9月下旬入校。此举断了留法勤工俭学生上大学的路。吴稚晖还说：中法大学不是"栖留所，不是大蔽天下寒士的广厦万间"。周恩来曾指出："七八百少年们因为反对借款，妨碍了法国的远东利益，更影响了中法政界有关系人的升官发财的机会"，于是吴稚晖也出来指责勤工俭学生，并且用国内招生的办法毁了勤工俭学之路。这更引起了学生把矛头指向中法两国政府、争取生存权和求学权的斗争，爆发了"争回里大运动"。赵世炎、李立三、蔡和森、李维汉、王若飞等人领导这场斗争。双方谈判破裂，学生强占里昂中法大学，遭法国警察镇压，于1921年10月13日晚将104名中国学生驱逐回国，他们当中有蔡和森、李立三、陈毅、罗学瓒、张昆弟、陈公培、周钦岳、颜昌颐、贺果、郭春涛。大批领导骨干被迫离开法国，使这里的勤工俭学运动处于更为艰难的境地。此后，再也没有组织勤工俭学生到法国。余下的学生，有相当多的人抱着科学救国、实业救国的良好愿望，埋头勤工，茹苦俭学，后来不少人学有所成，回国后为祖国的科学、教育事业做出巨大贡献。

从留学史上总结赴法勤工俭学经验也是很有意义的。

第一，打破了出国留学只是官费阔少爷的专利。穷人青年也可以留学，凑上两三百元钱就可启程，到法国边打工边学习，还可以存钱上正规专科或大学。1000多个留学学生走的正是这条路，勤工俭学为我国造就了一大批有用人才。

第二，打破了"万般皆下品，唯有读书高"的传统思想，认识并提倡"劳工神圣"。一个年轻人，如果他本人经过艰苦的劳动磨炼，长期置身于普通劳动者当中，他的感情就会是为穷人谋利益的感情，就不会有只顾自己享乐、不顾老百姓死活的心态与人生观，观察问题时也就会考虑下层人民的疾苦。

第三，树立起踏实、苦干、实事求是的作风与品格。留法勤工俭学后来居高位者，他们身上大都有这种品格，例如周恩来、邓小平、李富春、陈毅、聂荣臻，他们都是中国共产党的领导人和国家领导人。从他们身上我们可以看到，不信教条，凡事不从书本出发，而是从现实出发，总是能实事求是地看待事情、决定政策，办起事来也兢兢业业。这就是赴法勤工俭学的功劳。

赴法勤工俭学所受的教育是留美、留英、留德、留日学生所难于得到的。这就是赴法勤工俭学在留学生历史中的地位与意义。

🌥 4　20 年代的留苏热

在 20 世纪 20 年代出现过一股留苏热，这是共产国际作用的结果，是第一次国共合作的结果。这场留苏运动为国共两党培养出不少干部，后来他们在中国的政治舞台上都担任过主要角色。

留苏不同于留学欧美和日本。后者是到国外学习文化科学知识，前者到苏联是为了学习革命的理论和方法。留苏学生，不是北洋政府教育部派出的，而是中国国民党派遣的。所以这场留苏热，并不是传统意义上的典型留学运动。但是它的确为国共两党都培养了大批高层干部，因此，对这种留学教育，我们应当研究，从留学教育史上总结经验。

缘起、学生来源与课程设置　20 年代出现的留苏热主要是到苏联的两个学校去留学，即苏联东方劳动者共产主义大学和莫斯科中山大学。其中，更大量的是到中山大学学习。

苏联东方劳动者共产主义大学（简称东方大学）是共产国际办的，是 1920 年 9 月共产国际在巴库召开的东方民族大学决议创办的。斯大林是名誉校长，学校的目标是为东方被压迫民族培养革命人才。1921 年 4 月正式创立，地点在莫斯科脱维斯卡雅街 15 号的一座大楼内。学校设国际部和国内部。国际部有波斯班、朝鲜班、日本班、中国班、印度班等；国内部有乌兹别克班、哈萨克班、格鲁吉亚班。东方大学的学生由东方各国共产党派送。由于当时不少东方国家还没有成立共产党，因此，就由这些国家的革命组织选派一些同情共产主义事业的革命青年到东大学习。中国共产党成立后，一些资格较深的党员都派送在东方大学学习。中山大学因为是国共合作的学校，那里有大批国民党员的学生和非党的进步青年。东方大学是党校性质，中山大学基本上是革命干部学校性质，也有一些党校的性质。

中国五四运动后兴起许多俄罗斯研究会之类的研究马克思主义团体，毛泽东也积极主张送人到苏俄学习。这时陈独秀在上海办了外语学社，主要学习俄语。

毛泽东推荐一些湖南青年到外语学社学习俄语。1921年春天，有20余名上海社会主义青年团员（也是外语学社学生）化装从上海出发去苏俄学习，同年10月入东方大学学习，这是东方大学第一批中国学生，编为中国班，班长罗觉（罗亦农），学生有刘少奇、任弼时、肖劲光、彭述之、卜士奇、曹靖华等30余人。

从1923年到1924年9月，中共旅欧支部先后从法国及欧洲一些国家转来留学生四五十人，连同这一期间从国内派来的百余名学生，组成东方大学第二批学员。这一批中旅欧来的先后有赵世炎、王若飞、熊雄、陈延年、陈乔年、刘伯坚、聂荣臻、李富春、蔡畅等人，从国内派来的有叶挺、张浩、颜昌颐、关向应、江震环等。

1925年11月莫斯科中山大学成立后，东方大学中国班继续招生。这一期间从国内来的有罗世文、向警予等人，旅欧支部转来的有朱德、邢西萍（徐冰）等。后来调朱德等一批学员去短期军事班，于1926年夏回国，成为北伐战争的中层骨干。

中国班的课程有经济学、唯物史观、阶级斗争史、俄国共产党史、自然科学、俄文，还学习一些马列主义基本著作，如《共产党宣言》、《青年团的任务》等。教员大多是苏联人，有几个中国人当翻译。

1924年1月国共合作正式形成后，为了培养干部，苏联顾问鲍罗廷建议在莫斯科建立一所为中国革命培养干部的学校。共产国际批准了这个建议，1925年10月7日国民党中央政治会议也正式宣布建立莫斯科中山大学。会议决定国民党选派一些学生去中山大学学习，并且成立了考试选拔委员会。不久，就在广州、上海、北京、天津等地通过考试选拔学生。考试题目很容易，不像去欧美、日本留学考试那样难。大批青年，包括国民党和共产党选送考试的党团员到莫斯科中山大学学习。

选拔学生去俄国学习的消息迅速传遍全国各地，仅广州一地就有1000多名青年报考。当时广州是全国革命的中心，因此，选拔委员会在这里招收的学生比较多，共录取180名，连同其他各地加在一起，共选拔340名学生为第一批中山大学学生。广州录取的学生有黄埔军校10名，鲍罗廷特别推荐30名。鲍罗廷特别推荐的大多数是国民党要人的子弟，免予考试。上海选取50名，京津地区选取50名。广州的学生，绝大多数是国民党员；上海、京津的学生则多数是共产党员。考试在广东大学进行，先作文一篇，题目为《什么是国民革命》，此外，不再考外语。笔试过后是口试，由国民党高级官员（甘乃光即是其一）主试，口试内容着重于时事政治知识。最后录取要由中常委指定的汪精卫、胡汉民、谭延闿三人甄别决定。国民党人及国民党要人子弟考上中山大学的有蒋经国、谷正纲、贺衷寒、谷正鼎、康泽、邓文仪、萧赞育、汪少伦、皮以书、张岫岚、胡木兰等。共产党人考上中山大学的有张闻天、王稼祥、陈绍禹、伍修权等。

中山大学的课程和东方大学课程相似，即俄语、社会发展史、中国及西方革命运动史、唯物主义、政治经济学、列宁主义等。每天 8 小时上课之后就是开会。当年的学生王觉源事后回忆说："当时的口号是'开会第一，上课第二，行动第一，理论第二'。"

中山大学的管理体制归苏共中央和国民党中央执委会领导，这是 1926 年 5 月 11 日国民党中央执行委员会第 27 次会议通过的。国民党驻中山大学负责人是邵力子。1927 年四一二反革命事变后邵力子悄然回国。1927 年 7 月 26 日，国民党中执会正式声明取缔中山大学，"不准国内任何组织再派学生去莫斯科"。

学习生活和政治风云 从物质生活和娱乐的角度，中国学生在中山大学受到了很好的待遇。吃的，开始一日五餐，后来学生提出还是改为一日三餐为好。当时苏联人正过着节俭生活，但学生的三餐质量都很高，早餐就有鸡蛋、面包、黄油、牛奶、香肠、红茶，偶尔还有鱼子酱。当时有钱人也享受不到比中国学生更丰盛的早餐。穿的，每人一套西服、一件外套、一双皮鞋及日常必需品齐备。连毛巾、衬衫都免费代洗。唯一需要个人买的，只有帽子和领带。住的也相当漂亮、干净，已婚学生后来还分配了家属宿舍。

教学计划中规定中山大学培养目标是高级政治工作人员，训练必须讲实效，学制两年；教学方针是理论实践并重，不仅要努力读书，还要现场考察苏联政府机构和党的组织状况。课程要求是：

语言课，除必须学好俄语外，还要学习第二外国语；

历史课，包括社会发展史、中国革命运动史、俄国革命史、东、西方革命运动史。如此大量的历史课，就是要用唯物史观重新考察、研究历史，澄清资产阶级历史观点，这是培养革命者所必修的题目。

哲学课，通过唯物主义课程，给学生以新的世界观和方法论。

政治经济学主要是学《资本论》。因为"资本论"难懂，学校就指定考茨基的《卡尔·马克思的经济学说》当教材。

经济地理课，这门课程是讲地理环境对社会发展的影响，把这门课学好了，可以直接对国民经济的恢复和发展作出贡献。

列宁主义课，这是列宁逝世以后，依据斯大林的讲演汇集而成的《列宁主义基础》一书为教材，教员全是著名的理论家，给人印象最深。

军事学，这是因无产阶级革命必须采用暴力手段这一著名原理而设置的行动课。学生穿上军装，到兵营受野战训练。军事课完成后教官对学生说："你们所受的军事训练堪与黄埔军校一、二、三期受过的训练媲美，现在你们就能指挥军事战役。"有的中山大学学生也认为这话并非吹牛，"很多学生成为著名的将军，证实了中山大学军事和学科教育并重的成功"。

1926 年和 1928 年，中山大学和东方大学的学生经历了一场关系到他们本人命运的政治风暴。谁也躲不开这场风暴的袭击。这是由苏联共产党党内斗争引起的。

托洛茨基从 1923 年就反对斯大林的让共产党人加

入国民党以实现国共合作的政策。1926年中山舰事件以后托洛茨基就提出共产党人应当退出国民党。1926年下半年，在中山大学发生了一场关于中国存在不存在"封建残余"的大争论。这场争论实质上是托洛茨基同斯大林的争论，但他们两个人都没有直接出面，而是以中山大学正副校长拉狄克和米夫的理论争论反映出来的。

拉狄克是中山大学第一任校长，是托洛茨基反对派的重要领袖，他在给中国学生讲中国革命运动史时系统地提出中国不存在封建残余的观点，尖锐地批评斯大林的联合资产阶级搞统一战线的现行政策。他认为中国既无封建残余，那么中国革命的对象就不是封建地主和富农，而是资产阶级。资产阶级是革命的对象而不是联合团结的对象，因此，国共合作是没有阶级基础的，斯大林的维护国共合作的政策是错误的。

米夫是中山大学副校长，讲授《列宁主义基础》课程，宣传斯大林并且渐渐地成为斯大林中国政策的代言人。他在1926年连续发表《上海事变的教训》、《中国农民问题》和《中国革命的性质和动力》三篇文章，批驳拉狄克的观点，认为中国"封建残余"严重存在，中国民主革命必须团结农民，打击地主经济。米夫鉴于五卅运动后上海资产阶级的表现，未敢强调资产阶级两面性中有革命性的一面，但也未把民族资产阶级列为革命的对象。

发生在中山大学里的关于"封建残余"之争，当时还披着一层理论的外衣，斗争还没到短兵相接的地步。但到 1926 年秋天联共（布）第十五次代表会议前夕，托洛茨基反对派就在三个问题上指责斯大林在决策上有错误，其中的一个问题就是指责斯大林对中国革命指导政策上有错误，并再次提出"共产党立即退出国民党"。斯大林马上同时召开联共（布）第十五次党代表会议和共产国际第七次执委会，批驳托洛茨基主张。四一二反革命政变发生后，托洛茨基更全面指责斯大林，由要求共产党员退出国民党到从理论上策略上全面否定斯大林的统一战线政策。不久，又连续发表演说、文章，要求立即与武汉汪精卫政权决裂。斯大林召开共产国际第八次执委会继续批判托洛茨基。不久，汪精卫的武汉政府叛变，斯大林的估计又错误了。后来，在十月革命十周年的时候，反对派上街游行，联共（布）中央和中央监委决议把托洛茨基开除出党，强迁其全家至中亚阿拉木图。但托洛茨基在流放期间又写了《中国革命的回顾与前途》和《共产国际六次大会后的中国问题》。这两篇文章对莫斯科中国留学生影响很大，对有些人转为托洛茨基反对派起了决定性作用。可以说，这两篇文章武装了一代中国反对派，包括在国内的陈独秀。

莫斯科中山大学成立后一直到四一二事变之前，政治上是平静的。托洛茨基同斯大林的斗争主要在苏共党内高层中进行，中国学生毫无所知。发生在中山大学里的关于"封建残余"的论战，又带上一层浓厚的理论色彩，学生中也摸不着头脑。导致学生大量投入反对派的原因是大革命失败造成的思想混乱和托洛茨基思想的乘虚而入。据当时反对派的组织者王文元和当时属于二十八个半之一盛忠亮（盛岳）回忆，1927年的前3个月，《真理报》始终在宣传"蒋介石是服从群众意志的"，"共产党人需要能干的右派军事领袖"，没有一点让人们对蒋介石应有所警觉的宣传，因此，一当事变发生，学生毫无思想准备，思想极为混乱。以后，斯大林在对中山大学学生讲话中一再强调要支持"武汉革命中心"。但是七一五事变后，人们开始怀疑斯大林的指导是否正确。学生开始提出疑问："该不该加入国民党？""蒋介石、汪精卫是不是忠实的同盟者？"

这时反对派的文章传到中山大学，最早传来的有托洛茨基的《中国革命与斯大林大纲》和季诺维也夫的《不得已的答复》。王文元说：当时的情况是谁看了这些文章都要叹服，许多学生几乎凭直觉都会感觉到反对派主张的正确。1928年秋天在莫斯科郊外正式建立了中国反对派组织，直接受俄国反对派领导。不久，又送来托洛茨基在中亚写的两篇长文章。王文元等人立即把它翻译成中文在中国学生中传播。托洛茨基在这些文章中对大革命失败原因的分析，是中国留学生接受反对派主张的直接原因。他们认为托洛茨基对大革命失败原因和斯大林错误的分析太对了，他们衷心拥护。

中国大革命的失败，必然引起革命队伍中青年人的极大震动，必然引起思想混乱，必然留下许多值得争论的问题。当时中山大学的许多学生并不真正懂得马克思主义，他们理论水平不高，又无斗争经验，遇上形势的陡然逆转，他们容易迷失方向。更何况有些人是以同路人的水平加入革命的，更会动摇。他们不能正确总结失败的原因和教训，而是在一种失败的情绪之下，"凭直觉"接受了托洛茨基主张。

蒋介石、汪精卫叛变革命后，中山大学解散了国民党旅莫斯科支部，不分国民党和共产党，把大量学生送回国。中山大学的人越来越少。苏共肃清反动派的运动影响着中山大学，加上王明等人的宗派主义，于是很快地就把反对派学生都送回国内。莫斯科中山大学事实上结束了。

留学教育史上独特而光辉的一页 20年代出现的留苏热是当时中国社会许多因素作用的结果。中国留学教育史上出现的留苏高潮，形式上较之常规留学有独特之处，但这是应历史要求而出现的留学形式，而且它经历了一番光辉的历程。从推动社会进步的角度上观察，这场留苏热潮有以下几条成就和缺陷。

第一，为中国培养了有系统马列主义理论知识的人才，促使中国引进无产阶级文化。

概括地讲是十月革命一声炮响给中国送来马克思列宁主义，但具体考察，十月革命以后的几年，中国只是接触了马列主义的某些著作和某些原理。例如中共"一大"时，还不懂得社会主义同共产主义两个阶段的界线；"二大"时才开始懂得一点民主革命阶段的理论；"三大"时，才开始懂得联合民族资产阶级。这是一个幼年的党所必然经过的成长过程。

东方大学和中山大学为中国共产党培养了一批具有马列主义系统理论知识的人才，这对推动中国革命的发展，对无产阶级文化传入中国，起了不可磨灭的作用。例如，学生学习了社会发展史和中外革命运动史，初步掌握了唯物史观，接受了阶级斗争观点；学生学了科学社会主义课程，懂得了暴力革命是无产阶级革命普遍规律的观点和无产阶级革命必须有无产阶级政党来领导的观点；学习苏共党史，懂得了必须建立列宁式的按民主集中制原则办事的党，以及如何开展对敌斗争等等。留学欧美和日本学习政治、法律、外交的留学生，他们学的东西一言以概之，是学习了如何巩固资产阶级统治；留学苏联的中国留学生所学的东西，一言以概之，是学习了无产阶级从事革命、夺取胜利的学说。留苏学生接触的是崭新的无产阶级文化，正是这些人把西方和苏联的无产阶级文化传到中国，这对中国文化发展有着持久的意义。

第二，为中国共产党培养了一批领袖人才，当然，也为国民党培养了一批反共人才。

中国共产党的许多高层领袖人物都在苏联学习过，通过学习，他们从事革命活动的能力提高了，回国以后他们都具备独当一面的能力。短短的两三年就能把一个青年造就成革命事业的领导人，这是教育上的一大成功。这要归功于一种学习方法，即理论联系实际，或者说主要是训练分析、解决现实问题的能力。例如，中国学生学会了如何分析国际形势、如何分析国内阶级斗争的形势和如何分析苏共党内斗争的形势。学会分析形势也就不难确定当前革命任务。同时，他们直接参与苏共党内斗争，特别是东方大学和中山大学，中共旅莫斯科支部里还无时无刻不进行着派别斗争，每个学生都卷入了这种斗争。从锻炼人的角度上看，这是一次生动的实践。入学时是天真青年，毕业后却成了头脑冷静、胸有城府的领袖之才。这些人毕业后，给共产党和国民党都带回一种全新的考虑问题的方法，这尤其对中国共产党的发展起着重大作用；对国民党的影响相对的要小一些，因为这些人回国后并没有都进入国民党最高决策集团。

第三，为中国共产党带来教条主义和宗派主义。

东方大学和中山大学上课时学习书本知识是认真的，学生学到的理论知识也比较扎实。这些理论都会作用于分析形势确定任务等实践活动。至于运用理论指导实践的成功与否，这是个锻炼问题。所以不能说学习理论越多就越会犯教条主义。但是中山大学有一批学生，在学校时就拉一派、打一派，形成二十八个半小宗派集团，依仗苏共当权者的支持，横行校园内外，这些人回国后又横行中共党内，其特点就是拉宗派、搞教条主义。

所谓搞教条主义并不是说他们分析问题时有些生硬、机械地套用马列主义词句。王明这些人的教条主义表现在他们只听他们的靠山米夫和斯大林的话，听来之后他们再制造理论依据。有时米夫和斯大林已把理论根据找好，王明等人执行就是了。鉴于这种状况，如果发生错误，犯教条主义错误的也不是王明一伙人，而是米夫或斯大林。王明等人的教条主义实际上是一种俯首听从，是一种盲从，是一种奴隶主义。但是他们领命来之后，却一变为主子，披上一层理论外衣，拉帮结伙，依靠其小宗派，打击不同意见，而且打击得非常狠，每每都带上路线斗争、反党反国际的帽子，非置人于死地不可。这种作风给中国共产党造成极大损失，也造成很坏的影响。后来党内不少人也都学会了用大帽子压人的方法，甚至经过延安反教条主义的整风之后，还继续发生用路线斗争压人的事实。在中国共产党内已经形成一种风气，即指责反对者违背某种理论或指示，于是就属于大逆不道之列，就要群起而攻之。这种教条主义、宗派主义，是留苏学生带回来的。这种遗风流毒，不能不"归功于"这场留苏教育。

民国时期的其他留欧学生

民国时期的留欧除前述比较特殊的留法勤工俭学学生和20年代的留苏学生外，普通的公费和自费留学也一直未间断。

辛亥革命后，留欧教育继续进行。1913年，经临时稽勋局局长冯自由呈请，北洋政府将对辛亥革命有功的青年用官费派往国外学习，北洋政府先后派遣了三批。第一批有男生32人，女生3人。男生中有汪精卫、曾仲鸣、张群、蒋志清（介石）、褚重行（民谊）、戴天仇（季陶）、朱家骅等，女生为曾醒、方君瑛、陈冰如（璧君）。第二批共 53 名，其中黄桓等 3 人赴比利时，陈映琳等 5 人赴法国，林启庸、朱芾煌 2 人赴英国，王世杰等 12 人赴欧洲。这两批名单公布后，有些人并没有如期出国。1913 年 7 月，稽勋局又呈请第三批学生，共 66 名，其中包括前两批中未出国的张群、戴天仇、蒋志清等，但他们几个人后来并未出国。

这时，各省政府也纷纷派遣留学生。1913 年 8 月，北洋政府颁布《经理欧洲留学生事务暂行规程》，决定裁撤清政府设立的"游学监督"，由教育部特派留学生经理员一人，经理留学各国学生学费事项。为时不久，裁撤经理员，于 1915 年 8 月另行颁布《管理留欧学生事务规程》，规定设立留欧学生监督，管理教育部及各省所派的留欧学生事务，留俄学生事务，仍由驻俄使馆经理。

据统计，从 1913 年至 1917 年的 5 年间，派往欧洲各国的留学生 999 人。1918 年，北洋政府教育部决定每年从各大学和各高等专业学校中选拔优秀教员赴欧美各国留学，当年选派了北京大学教授刘复（半农）赴法国研究语言学，北京大学教授朱家骅赴瑞士研究地质学。这次派遣开中国派遣高级知识分子赴外国学习、研究之先河。欧战结束后，赴欧洲留学生迅速增加，除方兴未艾的留法勤工俭学热外，赴德国的人数也大增，到 1924 年，仅柏林一地就有近千名中国留学生。这在中国留德史上是一个空前的高峰。1925 年后，由于德国物价和生活费用昂贵，留德人数开始减少，

1925 年为 232 人，1926 年为 214 人，1927 年为 193 人，1928 年为 174 人。留学英国的人数，1924 年为 250 人，1927 年为 300 人。北洋政府统治时期，留俄人数一直很少。民国初年，北洋政府曾派遣学生赴俄国炮兵学校和圣彼得大学留学。1917 年俄国十月革命后，由于北洋政府仇视苏维埃政权，官派留俄随之中止。此后，仅有少数自费生前往俄国。直到 1921 年俄共创办东方共产主义劳动大学后，留苏学生才迅速增加。

从整体上看，由于辛亥革命以后，中央政府权力衰微，各省往往各自为政，财政多不上交中央，教育经费没有着落。北洋政府以财政困难为由，于 1913 年 10 月 20 日咨行各省，暂停派遣出国留学生。接着，1914 年欧洲又爆发了第一次世界大战。欧战期间，欧洲各国邮政与金融机关陷入停滞状态，留欧学生或汇款不能收到，或存款不能及时提取，加之物价飞涨，留欧学生处于半饥饿状态，生活丝毫没有保障。刘复 1918 年被教育部选派法国研究语言学，他直到 1920 年才到达欧洲，1925 年回国，后来刘复对其艰苦的留学生活有一段回忆，他在《欧游回忆录》中写道：在欧洲居住了近六年，在这近六年之中，几乎没一天不是穷得淋漓尽致的。那时与我同病相怜的，是我的朋友傅孟真（斯年）先生。他有一次写信给我说："中国自有留学生以来，从未遭此大劫"……我的回信说："可怜我，竟是自有生以来从未罹此奇穷大苦也。"

刘复是北京大学教授，由教育部公派的；傅斯年是五四运动学生领袖之一，他是由山东省公费派遣的。他们尚且如此困窘，何况其他名不见经传的小人物呢？

在生活十分艰苦的条件下，加之学习过于刻苦，有些学生积劳成疾，不幸夭折他乡。1915 年留法学生沈纮在法国病逝就是一例。沈纮系浙江桐乡人，在巴黎大学获得法学博士学位后，又潜心研究理科，预备申请理科博士学位。由于用功过度，生活窘迫，不幸病逝。北洋政府教育总长范源廉特撰文哀悼。这个例子表明，中国留学生中的大多数在极为困难的条件下，仍能发奋为学，以期将来报效祖国。

1927 年南京政府成立后，留欧教育又进入了一个新阶段。1928 年底，南京政府教育部通令各省，今后选派留学生，须注重理工科并严格考试。同时颁布训政时期选派留学生暂行办法大纲，严格限制选派资格，注重应用科学，以为造就专门技术人才。1930 年 4 月，在南京召开第二次全国教育会议，会议通过了《改进全国教育方案中改进高等教育计划》。该计划指出，在训政时期，应首先整理并充实高等教育，在初见成效之后，再向国外增派留学生，以便为进一步发展高等教育准备必要的人才。根据这一指导思想，南京政府对留学生选派资格做了较高的规定。凡公费、自费留学生均需在国内公立的或已经立案的私立专科以上学校毕业，并曾在国内担任过两年以上的技术职务，报考公费留学的考生还需发表过有价值的学术专著或在工作中取得重大成绩。派出机关，除南京政府教育部外，各省也自派留学生。到 1935 年，河北省派往国外的公费生及奖学金生、津贴生达 58 人。当年毕业回国 15 人，尚有 43 人在英、美、德、日、瑞士等国学习。江苏省于 1933 年和 1934 年两次举行留学考试，选拔 14 人前往英、德等国学习。

这一时期，还有一项来源，就是利用欧洲各国退还的庚子赔款选派留学生留欧。1922 年英国宣布退还庚子赔款，作为发展两国互有利益事业之用。此后，中国逐年付去的庚子赔款，即由英国政府提存于伦敦汇丰银行，不再纳入国库。此事因故拖至 1930 年 9 月，中英两国正式换文，决定 1931 年 4 月成立中英庚款董事会，并确定庚款用途：将退还的全部庚款设置基金，借充中国建筑铁路和经营其他生产事业，然后以其所得利息兴办教育事业。文化教育事业中，规定留学费用占 15%。从 1933 年 8 月起，中英庚款董事会先后举办八次考试。第一次考试于 1933 年 8 月举行，录取王葆仁、周传儒等 9 人；第二次考试于 1934 年 7 月举行，录取陈永龄、李国鼎、杨人楩等 26 人；第三次考试于 1935 年 4 月举行，录取钱钟书等 24 人；第四次考试于 1936 年举行，录取王绳祖、许宝𬸚等 20 人；第五次考试于 1937 年举行，录取戴文赛、卢嘉锡等 25 人；第六届考试于 1938 年举行，录取王大珩、彭桓武等 20 人；第七次考试于 1939 年举行，录取郭永怀、钱伟长、林家翘等 23 人；第八次考试于 1944 年 2 月举行，录取黄昆等 30 人。以上八次考试共录取留英公费生 177 人。

1937、1938、1939、1940 年，中法教育基金会连

续举行四届留法公费生考试。第一届录取钱三强等 5
人赴法国留学；第二届录取熊启渭等 3 人赴法国留学。

1930 年成立中比庚款委员会，决定选派公费生赴
比利时留学，并对优秀自费生予以补助。据中比友谊
会的调查，1930 年中国留比学生 274 人，其中教育部
官费生 16 人，受中比庚款津贴 64 人。南京政府统治
时期，留欧人数受时局影响，时起时落。抗战爆发前，
中国留英学生达 500 人。抗战爆发后，留英人数有所
减少。1937 年至 1942 年，由教育部签发留英的仅 152
人。1942 年后，同盟国之间为加强文化联系，有互换
教授和留学生之举。1942 年，英国文化委员会设置 10
名中国留学生奖学金名额。同年，英国工业协会资助
31 名中国工科学生赴英国工厂实习。1944 年，英国文
化委员会和英国工业协会等机构赠送 65 名留英研究生
名额和 69 名实习生名额。1944 年举行了英美奖学金研
究实习生考试，共计录取学生 195 名，其中英国研究
生 65 名，实习生 69 名，美国工科研究生 41 名，农科
研究生 20 名。第二次世界大战结束后，由于英国在大
战中大伤元气，赴英留学的为数甚少。

南京政府成立后，由于中德关系迅速升温，留德
人数也在增加。留德学生人数，1928 年为 174 人，
1929 年为 153 人，1936 年增加到 500 人，1937 年增加
至 700 人。到达最高峰。当时国民党许多军政要人纷
纷将自己的子弟送往德国留学。如蒋介石次子蒋纬国，
戴季陶之子戴安国，居正之子居伯强，黄慕松之子黄
维贤、黄维恕，商震之子商鼎霖等。这一时期，蒋介

石一方面聘请佛采尔、法肯豪森、塞克特等大批德国军事顾问，以训练其军队，同时派遣了一批现役军官赴德国军事院校深造，如桂永清、邱清泉、范汉杰、周嘉宾、陈介生、周鸿恩、杨彬、余拯等。张发奎、黄镇球等也曾自费到德国考察学习。抗战爆发后，不少留德学生辍学回国。到希特勒发动第二次世界大战以后，赴德留学完全中止。二战期间，大约有200名中国留学生滞留德国，其中包括后来成为著名学者的季羡林，他当时在哥廷根大学学习梵文和俄语。在德国法西斯统治时期，滞留德国的中国留学生历尽艰辛和惊险，及至二战结束后才回到祖国。

留法勤工俭学运动结束后，普通的公费和自费生赴法国留学者仍在继续。据1938年教育部的调查，当时在法国的中国留学生有600余人。此外，在比利时的中国留学生有100余人，在意大利的中国留学生有10余人，在瑞典、瑞士、丹麦、荷兰等国的留学生分别在10人以内。

有学者估计，清末和民国时期赴欧洲各国学习的中国留学生在2万人以上。另据一个统计，自1907年至1961年间，中国留欧学生有1920人获得了博士学位。其中留德博士732人，留法博士581人，留英博士346人，留意博士102人，其余则为留学荷兰、比利时、奥地利、西班牙和瑞士等国的博士。获得硕士、学士学位的当更多。他们中的许多人后来成为著名科学家和学者。他们是：李四光、卢嘉锡、傅斯年、朱光潜、金岳霖、彭桓武、王大珩、费孝通、王世杰、丁文江、钱钟书、李剑农、黄昆、陶孟和、周鲠生、章士钊、刘半农（以上留英）；朱家骅、蒋百里、张君劢、贺麟、叶企孙、王运丰、罗家伦、顾孟余、陈寅恪、赵九章（以上留德）；李书华、姜亮夫、郑毓秀、严济慈、徐悲鸿、吴冠中、林风眠、巴金、冼星海、翁文灏、熊庆来、吴文俊、钱三强、童第周（以上留学法、比、瑞士等国）。此外，还有一批人成为著名的政治家和社会活动家，如王炳南、吴国桢、蒋纬国、朱德、乔冠华、章士钊、杭立武、张道藩、张厉生、谢冠生等。

四　留日运动

清末第一次留日高潮

1903 年以后，成千上万的中国人涌入与中国一衣带水的邻邦——日本，出现了一个前所未有的留日高潮，在世界留学史上也是罕见的。

留学潮出现的时代背景　清末留日高潮的出现，不是偶然的，它是由各种因素促成的。

第一，明治维新后的日本成了中国学习和效法的榜样。日本是太平洋中的一个岛国，面积只有 37 万多平方公里，直到 1894 年中日甲午战争以前，中国人并不重视日本。但甲午战争，清政府被小小的日本打得一败涂地，被迫签订了丧权辱国的《马关条约》，引起中国朝野的极大震动，对日本的看法也为之一变，纷纷寻找日本迅速强大的原因。从这时起，国内掀起研究日本的高潮。从康有为、梁启超等资产阶级改良派，到清朝统治阶级内部的开明派官僚，均在探讨这个问题。1898 年，洋务派官僚、湖广总督张之洞写了《劝学篇》，他认为日本兴盛的一个最重要原因，就是向国外派遣留学生。在他看来，中国要学日本，最紧迫的办法就是像日本那样派遣留学生。

中国应该向国外派遣留学生，这是当时的共识。但是向哪一国派遣留学生最好呢？清朝官僚一致认为最好是向日本派遣留学生。张之洞指出：

> 游学之国，西洋不如东洋，一路近省费，可多遣；一去华近，易考察；一东文近于中文，易通晓；一西学甚繁，凡西学不切要者，东人已删节而酌改之。中东情势，风俗相近，易仿行，事半功倍，无过于此。

张之洞讲的以上理由，当然都有道理。但是还有更深刻的原因，那就是日本在明治维新后建立了以天皇为中心、"万世一尊"的君主立宪政体，派留学生赴日本学习，更符合清朝统治阶级的阶级利益。而派遣留学生赴欧美学习，清朝统治者担心他们接受欧美民主思想，从而危及清王朝的统治。清政府驻日公使杨枢在一份奏折中说：中国与日本同属亚洲，政体民情相近，在变法方面，宜仿效日本。法、美等国，皆以共和民主为政体，中国断不能仿效。杨枢建议派遣学生前往日本学习政治、法律。刘廷琛从日本考察学务归来后，对日本将忠君爱国之道皆编入教科书，要求儿童从小学习的做法赞不绝口。由于以上原因，清政府在向海外派遣留学生时，自然将日本列为首选之国。

第二，日本为了从精神上控制中国，决定大批接受中国留学生，这是留日高潮到来的外部原因。日本自明治维新后，迅速向军事封建的帝国主义转化。在这一阶段，日本开始加入了国际帝国主义列强争夺世界市场的行列，走上了对外侵略扩张的道路，并将它的侵略矛头首先指向了与之毗邻的朝鲜和中国，企图充当所谓"东洋盟主"。以文化教育的方式培植为本国服务的人才，这是帝国主义对外侵略的惯用手段。针对戊戌维新前后改良派学习日本的愿望，日本舆论大肆宣扬说："支那既渴望教育，日本教育家苟趁此时容喙于支那教育问题，握其实权，则日后之在支那为教育上之主动者，为知识上之母国，种子一播，则将来万种之权，皆由是而起。"

日本军国主义分子的这种从精神上侵略中国的意图，在1898年日本驻华公使矢野文雄致外务大臣的一封信中说得最为露骨。矢野文雄在信中说："如果将在日本受感化的中国新人材散布于古老帝国，是为日后树立日本势力于东亚大陆的最佳策略。其习武备者，日后不仅将仿效日本兵制，军用器材亦必仰赖日本，清国之军事将成日本化。又因培养理科学生之结果，定将与日本发生密切关系，此系扩张日本工商业于中国的阶梯。至于专攻法政等学生，定以日本为楷模，为中国将来改革之准则。果真如此，不仅中国官民信赖日本之情，将增加二十倍，且可无限量的扩张势力于大陆。"

矢野文雄（1850～1931）是日本著名的扩张主义分子，长期担任驻华公使。他在驻华公使任内不仅成功地将福建省划入了日本的势力范围，而且向日本政府提出了这个将来在东亚大陆树立日本势力的"长远之计"，并得到日本决策者的采纳。1898年8月，日本文部省专门教务局长上田万年在《关于中国留学生》一文中公开承认，教育中国留学生在中日"提携合作上"是"一大力量"。长期在中国活动的青柳笃恒则更为露骨地说："多培育一名中国青年，即为日本所以进一步扩张势力于大陆之计也。"这就充分地说明，日本统治者把培养中国留学生当作对中国进行思想控制或精神侵略的手段来进行的。

为此目的，日本参谋本部先后派出福岛安正、宇都宫太郎等走访张之洞、刘坤一、袁世凯、岑春煊等能够影响清政府决策的实权人物，要他们向清朝中央政府提出建议，向日本派遣留学生。随后，日本贵族院议长近卫笃麿、前司法大臣清浦奎吾等也来到中国，游说清政府官僚，陈述向日本派遣留学生的益处。被称为"留学日本宣言书"的《劝学篇》就是在这种背景下出台的。由于以上内外原因，促成了第一次留日高潮的到来。

高潮突起 1896年清政府驻日公使馆为培养业务人才，在上海、苏州一带招收唐宝谔、朱忠光等13人，由出使日本大臣裕庚带领赴日本留学。这是清朝政府派出的第一批留日学生。这批学生后来由日本政府安排在东京高等师范学校学习。

1898年4月，日本驻华公使矢野文雄致函总理衙门，函请中国向日本派遣留学生。于是总理衙门奉旨拟订了《留日章程》。据一些零星资料记载，到1898

年6月，在日本政府专为中国学生设立的"日华学堂"中就读的中国学生有26人。到1899年7月，经总理衙门派出的留日学生有64人。1900年，浙江求是书院又派遣蒋尊簋等18人赴日留学。从1901年开始，中国留日学生人数开始增加，出现留日高潮。当时，中国留日学生赴日本主要有两条路线：一条是从天津乘船，一条是从上海乘船。赴日的轮船，座无虚席，甚至连舱底下都挤满了人。曾有人描述其盛况说："学子互相约集，一声'向右转'，齐步辞别国内学堂，买舟东去，不远千里，北自天津，南自上海，如潮涌来。每遇赴日便船，必制先机抢搭，船船满座。中国留学生东渡心情既急，至于东京各校学期或学年进度实况，则不暇计也；即被拒以中途入学之理由，亦不暇顾也。总之，分秒必争，务求早日抵达东京，此乃热衷留学之实情也。"

到1906年，中国留日学生人数达到最高峰，超过1万人。这一高峰的到来，除前面所述的原因外，还有两个直接因素极大地刺激了留日热的到来：第一是1905年的日俄战争，区区日本竟然战胜了北方大国沙皇俄国。这一事实，对中国朝野震动很大。中国人对日本再次刮目相看，并且从惊异转化为敬佩，并急于希望了解日本强盛之根源。日人寺田勇吉在《中央公论》发表文章说："日俄战争，结果非清人始料所及，俟捷报频传，清人纷纷负笈来学。"这是符合当时实际情况的。第二是1905年8月清政府正式宣布废除科举制度。在中国传统的功名道路被堵死之后，仕途出身统归学堂。办学堂缓不济急，于是赴日留学就成了最大的出路。

大批中国学生奔赴日本，给日本的学校带来了很大压力，于是一些专以谋利为目的的"学店"在日本应运而生。这些学店根本不具备起码的办学条件，却滥收中国留学生，以至误人子弟，也损害了日本学校的声誉。在此情况下，日本文部省于1905年11月2日，颁布了《关于许清国人入学之公私立学校规程》，共15条。规程条文本来是针对那些不合格的日本学校的，条文中虽然也有间接涉及中国留学生生活和学业的地方，但其目的是在维护良好的教育秩序。按理，中国学生应该乐于接受。却未料到，留日学生群起反对，认为该规则有损中国的国权和留日学生的人格。12月8日留日学生活跃分子陈天华并愤而在日本大森海湾蹈海自杀。陈天华临死前给留日学生总会写了一封信，要求他们坚持斗争。这场斗争最后演变为集体归国运动，先后有2000人辍学回国，以示抗议。

与此同时，清政府对留日也采取了一些限制措施。1906年3月13日，清政府学部通电各省，规定必须中学毕业，且通晓日文，能直接进入日本高等或专门学校者，始予选送。对于这一规定，各省并未认真执行，因此，学部又于1907年11月12日咨文各省督抚，重申："凡各省咨送游学生皆应按中学堂毕业程度考验，并将试卷送部，然后给咨，无咨而出洋者，出使大臣概不得送学。"清政府在限制留学资格的同时，还于1907年8月决定停止选派速成学生，规定："速成学生无论官费私费，师范政法应即一律停派，不予给咨。"此后，清政府将留日重点转移到高等专门和大学方面，强调培养实业专门人才。所以，1907 年由清政府出使日本大臣和日本文部省共同商定了留日五校特约，规定自 1908 年起，由日本政府指定东京高师、东高高工、山口高商、千叶医专、第一高等学校等为特约学校，分别规定名额，在 15 年间接收中国留学生，并由中国政府给予补助。由于以上限制，中国留日学生人数逐年减少。

关于这一时期中国留日学生人数，由于缺乏严格准确的统计数字可资依据，各家的估计有不少差距。表 1 列举的是几种估计数字：

表 1　清末中国留日学生人数估计

年份	实藤惠秀的估计[①]	小岛淑男的估计[②]	李喜所的估计[③]
1896	13	13	13
1898	18	61	61
1901	280	274	274
1902	500	608	608
1903	1000	1300	1300
1904	1300	2400	2400
1905	8000	8000	8000
1906	8000	12000	12000
1907	7000	10000	10000
1908	4000	5500	—
1909	4000	5200	3000
1910	—	4000	
1911	—	3200	
1912	1400	—	1400

资料来源：①〔日〕实藤惠秀著、谭汝谦等译《中国人留学日本史》，第 451 页，北京，三联书店，1983。②〔日〕小岛淑男：《留日学生与辛亥革命》（日文），第 13 页，青木书店，1989。③李喜所：《清末留日学生人数小考》，载《文史哲》1982 年第 3 期。

留日学生学习概况　清末留日群体是中国近代留学史上最为混杂的出洋群体。各式各样的人都有，而且程度参差不齐。有极少数是京师大学堂、北洋大学的毕业生，有的是刚刚脱离私塾的先生。日语水平也很不一致，有的可以讲一口流利的日语，并可以用日文写一手漂亮的文章；有的则连一日文假名都不会。总的来看，日语水平好的，甚至略懂日语的人不多，绝大多数不懂日文。根据这一情况，日本当局除安排一部分学生直接进入日本高等学校学习外，绝大多数则先入专为中国留学生开办的速成学校学习。这些学校主要有：

日华学堂：1898 年 6 月创办于东京。专为中国留学生补习日语和各科基础知识。修业期限有一年、二年和无定期三种。学生毕业后可投考普通高等专门学校或日本帝国大学。

成城学校：这是一所日本陆军士官学校的预备学校。1898 年专设中国留学生部。中国留学生部专门讲授日语和军事基础知识。从该校毕业后，可直接升入陆军士官学校。清政府派遣的军事留学生大都先进入该校学习。

宏（弘）文学院：1902 年创办于东京。专为中国留学生进行预备教育而办。后来因中国留学生太多，又开办了几个分校。除普通学科外，还附设有速成师范科、速成警务科及理科专门科等。弘文学院前后共接收 7192 名中国留学生，有 3810 人毕业。黄兴、陈独秀、鲁迅、吴稚晖均在内。

振武学校：1903 年 7 月创办于东京。是一所专为陆军士官学校和陆军户山学校进行预备教育的军事学校。专收清政府派遣的官费军事留学生。该校创办后，成城学校的学生全部转移到该校就读。成城学校则改开文科班。1904 年，清政府练兵处奏定《陆军学生分班游学章程》，规定中国每年从各省挑选 18～22 岁的学生 100 名赴振武学校学习，经费由中国政府支付。该校修业期限，开始时为一年零三个月，后来延长到三年。学校设有学生宿舍，实行严格的规律化的生活。该校毕业生，后来大多成为清末和民国时期军政界的风云人物。舒新城著《近代中国留学史》一书说："二十年来，中国军界之重要人物底姓名，几十之九可以从明治四十年（1907）《振武学校一览》之学生名册中查出，其影响于中国军政界可谓大矣。"

东斌学堂：1903 年（一说 1904 年）创办。因清政府禁止自费留学生学习军事，因此，对进入振武学校学习的学生加以种种限制，以防革命派青年入学。东斌学堂专门收录被振武学校拒之门外，而又想学习军事的自费留学生，被称为私立振武学校。熊克武、陈铭枢等出自该校。1908 年该校停办。

同文书院：1902 年创办于东京。专门收录中国、朝鲜留日学生，教授日语和普通中等学科，作为进入专门学校的准备。

经纬学堂：1904 年创办于东京。由日本明治大学管理。设有刑律、警务、师范、商业各科。学制最短十个月，最长两年。1910 年停办。入该校学习的中国留日学生有 2862 人，毕业 1384 人。

除以上学校外，日本一些大学也专为中国留学生开办了留学生部或速成班。如早稻田大学中国留学生部，创办于 1905 年 9 月。修业期限为预科 1 年，本科 2 年，补习科若干年。在该校学习的中国学生，1905 年为 762 人，1907 年为 850 人，1908 年 394 人。1910 年 9 月中国留学生部停办。日本法政大学也为中国留学生开办了法政速成科和日本语速成科，到 1908 年，在法政大学速成科毕业的中国学生有 1071 人。速成科学生毕业后，可入法政大学的预科或大学部继续攻读。此外，东洋大学附设警监速成科、东京警视厅主办了警官速成科等。

据统计，中国留日学生就读的学校有 80 多个，其中有大学、中学、幼儿师范、实业专科、师范学校、女子学校和工厂技校等，所学科目包括工科、理科、外语、师范、史地、法政、军事、手工、音乐、美术、商业、体育、农牧、医药、染织等，几乎涉及了日本当时的学校所开设的全部科目。其中以文科居大多数，文科中又以法政、军事居多，这与欧美学生主要学习理工科的情况大不相同。据有人统计，辛亥革命前，仅毕业于法政大学的中国留学生就有 1364 人。

留日学生中的法政热和军事热，是当时国内政治的直接反映。1901 年清政府宣布实行"新政"后，进行官制等方面的改革，1905 年清政府又宣布实行预备立宪。当时清政府宣布选拔官吏要以是否留学生为取舍标准。在这种情况下，留学成了做官发财的终南捷径，而法律和政治这些与做官发财有直接联系的科目自然成为人们趋之若鹜的专业。至于军事，这是清政府实行"新政"的中心，不仅清政府派出了大批官费军事留学生，而且许多自费留学生也想方设法转学军事。

留日学生人数虽然多，但大多数只是接受中小学校普通初级教育，进入大学或对某专业学有成者，少之又少。据统计材料显示，在中国留日学生所就读的82 所学校中，仅有 7 所是大学，其余皆是中等学校或中专技校。而在 7 所正规大学里就读的中国留学生仅有 41 人，只占留学生总数的 1/60。1906 年，清政府举行归国留学生考试，参加考试的 100 人中，留日学生占 80% 以上，但录取者绝大多数是留美学生。

女子留学　我国女子出国留学为时甚早，但她们都是通过传教士或教会的关系出国的。由政府官费派遣女子出国留学是从日本开始的。

在留日高潮中，有不少女子自费前往日本留学。1905 年 3 月，日本关西女学附设中国女子留学速成师范学堂，实践女学亦开设了中国女子留学师范、工艺速成科，专门招收中国留日女学生。关西女学本科修业二年，并有修业 6 个月的音乐专修科与游戏、体操专修科；实践女学本科修业一年，工艺科修业 6 个月。早期赴日的女生大都在这些专设的学校补习。同年，湖南派女生 20 名赴日习速成师范，奉天派熊希龄赴日考察教育后，与实践女学校长下田歌子签订协议，每年派 15 名女生到该校学习师范。这是我国官派女子留学的开端。

随后，赴日女学生日益增多，成为一种时尚。为此，清政府于1910年下令限制女子出国留学。在清末留日女学生中，有一批人成了辛亥革命时期的风云人物，在民国成立后，又成了女权运动的骨干分子。这些人中，有方君瑛、李元、方君笋、尹锐志、尹维峻、王莲、王颖、王国昌、王振汉、李自平、何震、何香凝、吴七妹、吴栏、吴芙、吴亚男、吴弱男、宋铭广、林宗素、胡彬、胡灵媛、秋瑾、徐宗汉、唐群英、张竹君、张默君、陈淑子、陈璧君、燕斌、陈撷芳等。

留日学生与辛亥革命 清政府派遣大批臣民赴日留学，是希望培养一批具备新学知识，又能忠君爱国的新式人才，以巩固清朝的统治。但与清朝统治者的本来愿望相反，留日学生大多数走上了反清革命的道路，成为清王朝的掘墓人，这是清朝统治者所始料未及的。

留日学生走上革命道路，经历了一个较长的演变过程。留日学生初到日本时，除了极少数在国内已经参与政治团体的活动分子外，一般尚无明确的政治见解。大多数人的政治理想和倾向都是到日本后才逐渐形成的。无论是改良派领袖康有为、梁启超，还是革命派领袖孙中山，都将这支庞大的留日学生队伍视为自己力量的源泉，对留日学生进行了很多工作。所以一开始，留日学生中就有君主立宪派和革命派的分野。在很长一个时间里，留日学生倾向保皇立宪的尚占多数。

1900 年自立军起义的失败，对持保皇立宪的留日学生来说，无异于当头一棒，他们认识到，此路走不通。参加自立军起义的秦力山等人回到东京后创办了留日学生界的第一份革命刊物《国民报》，"大倡革命排满学说，措辞激昂"，主张中国必须实行彻底革命。1902 年秦力山和章炳麟等人在日本发起"中夏亡国二百四十二年纪念会"的活动。由于他们的反戈一击，使更多的留日学生转变到革命派一边来。1903 年开始的拒俄运动是大批留日学生转变到革命派的又一个重要标志。这次运动本来是一次纯粹的爱国请愿，由于清政府的阻挠和压制，却使它发展成为广大爱国留日学生革命反清的战斗演习。这年的 4 月 8 日，沙俄拒不执行中俄《交收东三省条约》，拒绝撤兵，妄图在我国东北三省长久驻留下来，将东北变成沙俄的独占势力范围。4 月 18 日，沙俄政府向清政府发出照会，提出七项新条件，要求改订东三省撤兵条约。消息传到东京，留日学生群情激愤。4 月 29 日，在东京召开留学生全体大会，到会者有 500 人，会上一致决定成立"拒俄义勇队"，致电北洋大臣袁世凯要求到东北前线参加抗俄战斗。他们推选队长，编队操练，随时准备回国投入保卫祖国的战斗。但留日学生的爱国热情，非但得不到清政府的赞同和支持，反而诬蔑他们"名为拒俄，实则革命"。清政府还饬令各地对回国的"拒俄义勇队"成员"严密查拿"，准备采取镇压行动。应清政府的要求，日本政府答应"勒令解散义勇队，制止留学生练习兵操"，迫使拒俄义勇队停止活动。清政府的所作所为，无异于给留日学生当头泼了一盆凉水。经过这场斗争，留日学生们对清政府的失望更加一层，他们更加认清了清政府的卖国本质，他们得出了"欲强中国，必自排满始"的结论。吴玉章后来回忆说："我虽然不是很自觉地参加了这一运动，但这一运动却在我的生活中掀起了巨大的波澜，把我推入了革命的洪流。"后来成为广州黄花岗起义七十二烈士之一的方声洞，是这次拒俄运动的积极分子，拒俄义勇队解散后，他"悲愤欲绝，热血如沸，逢人便痛论国事，谓非一刀两断，颠覆满洲政府，以建共和，则吾人终无安枕之日"。随着大批留日学生转入革命营垒，留日学生组织的革命团体如雨后春笋般地出现。最著名的有华兴会、科学补习所、日知会、光复会等。1905 年 7 月 30 日，各省革命志士聚集日本东京，共同讨论发起新的革命团体问题。与会者有孙中山、黄兴、陈天华、张继、程家柽、冯自由、胡毅生、宋教仁、田桐、马君武、邓家彦等 70 多人。经过酝酿，于 1905 年 8 月 20 日在东京成立中国同盟会，以"驱除鞑虏，恢复中华，创立民国，平均地权"为宗旨。同盟会公推孙中山为总理，并按照资产阶级民主制度的立法、司法、行政三权分立的原则，下设执行部、评议部、司法部。同盟会的建立，标志着中国反清革命运动有了一个统一的指导中心。

留日学生在辛亥革命中所作的贡献，最突出的有两点：一是留日学生在意识形态领域为辛亥革命奠定了思想基础。在中国这样一个有着 2000 多年封建专制制度传统的国度里，要动员千百万人民起来推翻帝国主义走狗清政府，消灭君主专制政体，建立一个民主共和国，这是一件极其艰巨的任务。首先它需要一个大规模的革命启蒙运动。革命宣传活动就成为反清革命的先导。革命排满，建立共和，成为人民的共识，其功劳主要应归功于留日学生出身的宣传家们。留日学生创办了《民报》、《复报》、《云南》、《鹃声》、《洞庭波》、《汉帜》、《秦陇》、《晋乘》、《晋话》、《粤西》、《河南》、《四川》、《江西》等众多宣传革命思想的报刊，并撰写许多宣传反满革命的著作，如《革命军》、《猛回头》、《警世钟》等，革命思想散布于全国各地，为辛亥革命准备了舆论基础。二是留日学生也是辛亥革命的主要发动者和组织者。辛亥革命的领导人大多数是留日学生出身。辛亥革命前的历次武装起义，无一例外都是以留日学生的同盟会会员为主体发动的。黄花岗七十二烈士大多数也是留日学生。1907年成立的"共进会"和1911年成立的"同盟会中部总会"其主要成员或者骨干分子也都是留日学生，是他们直接发动了武昌起义。武昌起义爆发后，在各省策动响应的新军将领也大都是留日学生出身。因此，可以这样说，由于大批留日学生转入反清革命，加速了清王朝覆灭的进程。留日学生是清王朝的主要掘墓人。

民国时期时起时落的留日潮

　　民国以后，留学日本学生人数总是时起时伏，而且是大起大落，并且是以群体运动的形式出现。出现这一现象的根本原因是留日学生为维护国家领土主权完整、为维护中华民族尊严而不断大规模集体归国所造成的。

近代以来一系列不平等条约严重损害了国家主权的独立与完整，严重地损害了中华民族的自尊心。一百年来，中国人民为维护国家主权完整、为维护民族自尊心和坚持独立自主已经成为一种民族意识。爱国心已经是中国人民的主要心理素质。当中国主权受到侵犯时，当民族尊严受到侵害时，他们可以抛开自己利益，勇敢地捍卫民族利益。留学日本的青年也正是如此，他们出色地捍卫着祖国的利益。

1911年10月武昌起义时，关心祖国前途的留日学生无心向学，多方筹借旅费，成批归国。结果，数千名留学生只剩500名留在日本。

民国建立后，对民国有功人员进行奖励，特别是对于为了建立民国而废学的青年，奖励其继续出国留学。冯自由为稽勋局起草了对民国有功人员赴欧留学的通令，提出以前曾在国外留学因革命事起中途辍学归国效力者或有功人员确有高等程度有深造前途者，可派出国留洋。袁世凯签发了三批共计151名有功人员出国留学，其中有张群留学英国、戴季陶留学法国、朱家骅留学德国、汪精卫留学法国、陈铭枢留学日本等。批准这批有功人员留学日本者不多，有些原来是留日的现在改派留欧洲，但这个举动影响很大，有连锁反应。有人说当时到日本留学的有功人员仅黄兴的部下就有 600 人。当时的情况是清帝逊位、建立民国，政局开始稳定，于是留日学生又相继返日上课。后来，1913 年讨袁的二次革命失败后，革命党人又相继逃到日本，组织中华革命党，日本又成为革命党人的避居地。当时在日本的革命党人有孙中山、陈其美、戴季陶、居正、田桐等人。大批亡命客和留学生也追随而至，积聚东京。到 1914 年，留日学生有五六千人以上。

1915 年 1 月日本向中国提出"二十一条"要求，严重侵害中国主权尤其是领土主权，这些条款是要把中国变成日本的附属国。中国人民群起反对，留日学生又愤慨地大举归国。1916 年袁世凯死后，逃亡在日本的革命党人又都回国活动，因之这一年留日学生人数再减，减到 2326 人，比 1914 年减少半数以上。

1918 年 3 月，日本政府秘密地向北洋政府提出共同出兵西伯利亚，并要求中国政府以承认二十一条为条件。中国人民觉察到日本借机夺取中国主权，留日学生闻讯也极为愤慨。1918 年 5 月 6 日，留日学生各省各校代表在东京神田秘密开会，共有 46 名代表。会议主席在致词中说：此次日本迫我承认之条件，"简直是一张全行拍卖的契约罢了"，他又布置任务说："前晚各省同乡会各校同窗会的联合会议，将留学生全体归国的问题，已经一致通过了……往上海的，以唤醒国民，援助政府，一致对外为主。"这次又是留日学生全体归国以抗议日本的侵略。这次秘密会议被警察发现，代表遭毒打并被拘捕。留日学生立即行动：5 月

11 日就有 180 名学生从横滨出发返国，5 月 12 日有 70 人回国。另外，从 5 月 7 日起仙台东北理科大学、第二高等学校中国留学生 24 名一齐罢课，并且约定 17 日一齐归国。截至 16 日，共有 390 余人乘船回国。东亚高等预备学校松本校长说：他的学校有一千多名中国学生，"竟无一人上课"。可见留日中国学生的爱国决心和牺牲自我利益的勇气。

留日学生回国后，高举抗日旗帜，向本国同胞宣传，促使国人认清时局的危机。北京学生马上响应，派代表到上海，组成学生爱国会，揭露日本的侵略阴谋。这些，对促发五四运动有直接作用。

巴黎和会外交失败，国内爆发五四运动。留学日本学生知道这一消息是 5 月 6 日。第二天，正是国耻纪念日，于是在这一天召开国耻纪念大会。参加大会的留日学生 2000 余人，标语上写着"直接收回青岛"、"五七国耻纪念！"大会尚未正式开始，就遭到日本警察马队军刀的袭击，受伤 27 人，被捕 42 人，其中有 5 人被东京地方审判厅判处徒刑，缓期执行。胡俊判刑 10 个月，赵云章判刑 6 个月。

1928 年日本政府出兵济南。消息传来后，留日学生每晚都有集会，"讨论应该回国好呢，还是留下来继续读书好呢？"济南事变使留日学生又一次回国，"昔日为数众多的中国留日学生，自此以后便大为减少了"。

爱国主义最重要的一条是维护国家主权完整，特别是维护国家领土主权的完整。爱国意识已经成为近代中国的一种社会意识，国家和民族利益高于一切。当我们的青岛、济南、沈阳等中国领土被日本占领时，中国留日学生总是以民族利益为重，舍弃学业、忘我的集体归国，而且回国之后立即投入为收回国家主权的抗日宣传，并且由此促成了五四运动的发生。留日学生在民国建立以后一直活跃在争取民族独立的斗争舞台上。

维护民族自尊的爱国思想是促成留日学生几次大返国的另一因素。留美国的学生都说美国好，留欧学生也都说欧洲有许多好的地方，唯独留日学生回国后，很少有人说日本好的，都是大骂日本。一个国家如果能做到留学生离开它之后都恨它、骂它，这也是一件不容易的事情，如果它不是把坏事做绝，很难达到这个效果。日本就是对中国好话说尽、坏事做绝的国家。除了近代以来一直侵略中国，发动无数次侵略中国领土的战争之外，他们瞧不起中国人，污辱中国人，它们的政府如此，日本的老百姓也大都如此，这便引起留日学生的极大反感和反抗。

早在 1905 年，留日学生就宿之后，下课回来发现日本警察检查过他们的行李，"留学生对此甚感愤慨"，他们"没有上课，有些人主张退学"（黄尊三：《留学日记》）。1905 年 11 月 2 日，日本文部省又公布了《清国留学生取缔规则》，这是一个歧视中国留学生的规则，受到中国留日学生的坚决反对。陈天华为反对这个规则而跳海自杀，留学生遂终于决心集体回国。

最简单的一个事实是日本人对中国人的称呼，就

叫人难以忍受。在明治时代，日本人污称中国人为
"猪尾巴"、"豚尾奴"，因为那时中国男子头上留长辫
子。留日学生在东京街上走时，后面常有小孩子追喊
"猪尾巴，猪尾巴"。1918年5月7日集会中许多留日
学生被捕，被毒打。一路上受尽污辱。马路对面理发
馆里有一个日本人一边看热闹一边骂道："豚尾奴，亡
国奴！你也知道我帝国的威力吗？"一个警察也骂留学
生"混账东西，你还敢开口！我就先打死你这个豚尾
奴"。留学生对日本人称中国为"支那"也十分反感，
因为日本人习惯把"愚蠢"称之为支那。日本小孩嘲
弄对方时常爱说"笨蛋笨蛋，你的老子是个支那人"。

鲁迅在仙台医专学习时，见到日本学生狂妄地认
定中国人天生愚蠢，鲁迅对此十分反感，在《藤野先
生》一文中写道："中国是弱国，所以中国人当然是低
能儿，分数在60分以上，便不是自己的能力了。"日
本学生到鲁迅住处搜查，企图找到藤野先生给鲁迅泄
露试题的证据，并且给鲁迅一封很长的匿名信，威胁
鲁迅，信中的第一句话是："你改悔罢！"

在日本，也有一些人热心于中国留学生事业，关
心留学生的成长。但更多人经办中国留日学生事业，
是以营利为目的。日本的私立学校和相关服务行业，
每年从中国留学生身上赚去几百万元，但是他们的图
书馆不愿借书给中国学生，日本军事学校对中国留学
生更是歧视，稍重要一些课程就要求中国学生退出课
堂，不让听。士官学校有一次上炮兵课，日本教官不
教中国学生，反而谩骂说"支那人是忘恩负义之人"，

"尔辈现在所着之军服，乃我国陆军省可怜尔辈，方行赐给者，尔辈若着支那之军服，而往来于吾日本地方者，吾知必遭吾日人殴辱也"。留日士官生受此欺辱十分气愤。他们认为：个人人格尚可牺牲，但国家体面必须保存，因而全体退学。这是1926年日本士官学校第18期发生的事。

民国以后，日本人对中国人的轻蔑更加厉害，这一点日本当局也承认。1922年3月9日荒川五郎在众议院发表演说时也承认："负笈东来之留学生……将来前途皆未可限量者，唯我辈日本人平素对彼等之待遇，实多值得遗憾。连宿舍之女佣及商店之伙计，也持冷骂冷笑态度……是以彼等学成归国之后，殆成排日之急先锋，是亦不得已者也。"日本官方说对了，留日学生归国后，大多数都变成了"排日之急先锋"。

在1918年召开的日本第40届国会上，高桥本吉等5名议员提出"有关中国人教育的建议案"说："美国的教育是以对人道作出贡献为目的的教育。日本对中国留学生的教育果有这样高尚的理想吗？我相信不得不要大加研究一番（拍掌声）。假如有所谓为日本的利益而教育中国人，中国人是不会对此感谢的。"这5位议员的话是对的。以自私的目的欺侮人，过后绝不会有人再来感谢你，相反的，会记恨你。郭沫若在《行路难》中就指责日本人为什么"你们要这样把我们轻视？"郁达夫在《沉海》中大声地呼喊：对日本人的轻侮"我不能再隐忍下去了"。

留美学生离开美国时充满依恋之情。胡适从康乃尔大学转到哥伦比亚大学时，非常眷恋即将离开的绮色佳。他日记里写着："吾尝为绮色佳为第二故乡，今当别离，乃知绮之于我，虽第一故乡又何以过之？"1917年6月胡适毕业回国时在日记中又写着："今去吾所自造之乡而归吾父母之邦，此中感情是苦是乐，正难自决耳。"远离家乡赴美留学7载的胡适，当他要离开美国归返故乡的时候，心里却难以自决起来。有这种感觉的留美学生很多，这表明美国教育的成功，也表明美国社会文明水平之高。相比之下，日本接纳留学生的教育是失败的，这也证明日本整体社会文明水平之低。日本政府和老百姓敢于如此对待中国留学生，最根本的原因还是我们自己国家的落后与贫弱。落后就自然要受辱，这是当时的必然结果。留学海外的中国学生虽然知道自己国家落后，但是却不甘心受辱，于是他们发愤图强，立志振兴中华。在国家的主权继续受到侵害的时候，在民族尊严继续受到污辱的时候，我国在海外的留学生都能奋起反抗，为维护国家权益而斗争。没有哪一个留学生组织在国外拥护二十一条，没有哪一个留学生支持把青岛让给日本。这些都表明，中国的留学生群体，整体上是爱国的，留学日本的留学生在反对日本帝国主义的斗争中表现得更为突出。

九一八事变发生后，东三省留日学生100多人立即返回天津。9月19日起，其他各省学生也全部不去学校上课。9月23日东京工业大学全体留日学生决定一致归国。26日东京都内17个学校代表开会，决定一致行动。29 日，大阪、京都、仙台、名古屋、长崎等地留学生集会，并且成立了中华留日学会。他们派出代表到中华民国驻日公使馆请愿，请求归国旅费。10月 8 日，留日学生监督处发给部分留日学生归国旅费。

日本陆军士官学校有中国留学生近 300 名，在事变发生后竟没有一个返校上课，为首者遭到退学处分。其他学生表示不服从学校让去上课的命令，因此，也被相继勒令退学。到 10 月底，士官学校学生几乎全部返回中国，留下来的不过 20 余人。成城学校到 10 月份已空无一人，无人再来上课。到一二八事变后，学生情绪又激昂起来，教育部指令留日学生监督处给 660名学生每人发归国旅费 20 元至 24 元（日元）。这次学生归国时的表现，不像九一八事变后走的那批那般激昂。这批"只是一团一团的悄然踏上归国之途"。这样一批一批的返回，从九一八到一二八以后，留日学生几乎全部回国了。

但是到来年以后，也就是在上海战火熄灭以后不太久的时候，又有学生开始零星地返回日本上学了。以日本东亚高等预备学校为例：1932 年 4 月时，中国学生不过 7 人，5 月为 13 人，6 月为 19 人，9 月增至72 人，到 1933 年 12 月，学生猛增至 1059 人。1934年，留日学生继续猛增，到 1935 年 9 月，《留东新闻》第 5 期里讲："据本报之推测，本月底新旧留日学生当必在六千与六千五百之间。"该刊预测到年底"恐不难达一万之数"。

大起大落是民国以后留日潮的最大特点。究其此次大起的原因有：

一是政局安定。九一八、一二八事变以后，蒋介石到处大喊国联帮助解决中日问题。日子久了，老百姓也就把解决东三省问题的希望全放在政府身上。蒋介石对丢掉东三省并不着急，他急的是"先安内"。红军退出苏区长征西去，蒋介石以为大功告成，于是开始谈建国计划，搞新生活运动。1934 年和 1935 年是蒋介石当政的"鼎盛"时期，在此前一两年和后一两年就全国而言，是一个"升平"阶段。工人、农民照旧劳动，职员上班、学生上学。留学生教育也恢复起来，尽管对公派留学生依然采取限制发展的政策，但自费留学谁也限制不住，尤其是留日学生，不参加政府规定的自费生考试，不需持有留学证明，日本学校照旧接待。

二是这几年兴起一股学习日语的热潮。民国以来，中国人学日语几乎都用松本龟次郎著的教科书。但自 1934 年以后，日本人和中国人都争编日语教科书，仅在东京、北平、上海、广州出版日语教科书就有 30 余种，专门研究日语的杂志就有 7 家，如《日语研究杂志》（上海，1934 年创刊）、《日语月刊》（上海，1935 年创刊）、《中华日语月刊》（上海，1937 年创刊）。学习日语高潮的出现，有几个原因。其一，伪满洲国成立后鼓励青年留学日本；其二，塘沽协定签订后中日关系恢复"正常"，有些学校和单位，不论愿意或不愿意，都要正视中日关系的现实，都要研究日本、寻找对日本的对策；其三，抗日军民也有培养日语及研究日本人才的需要。

三是经济原因。到日本留学便宜，有时甚至于比在上海读书还要上算。这是由中国货币同日元汇率比价决定的。1931年2月，中国银元100元兑换日元42元，到了1935年5月，100银元可换日元146元，中国银元升值三倍半。这样，到日本留学比在中国上学还要便宜，这对沿海城市一些市民来讲，是有吸引力的。

这批留学生在日本学习期间正是中日关系不断恶化时期，正处在抗日战争爆发的前夜。日本侵略者在中国的华北尚且横行，逼迫中国当局杀害抗日者，在日本本土，侵略者的凶焰就更加冲天了。中国留日学生处于法西斯专制统治之下。即使如此，留学生还是利用办刊物、办社团的方法宣传抗日。从1932年1月到1937年留日学生在东京和在国内办的刊物共有29家，实藤惠秀在他所著的《中国人留学日本史》一书说："'满洲事变'以后，留日学生刊行的杂志种类很多，都或多或少带有抗日色彩。"《留东新闻》杂志最初只报道留日学界消息和文化界消息，后来抗日政治色彩浓厚起来，最终被日本政府压迫而停刊。该刊前后3年共发行57期。在中日关系愈来愈紧张的时刻，日本警察严密监视中国留学生，私入学生宿舍翻阅学生日记，偷拆信件，时受日本当局无故逮捕致使人心惶惶，无心向学。就是在这种黑暗统治下，中国留日学生还是心向祖国，心向抗日。

1937年7月7日日军挑起卢沟桥事变，中日战争全面爆发。日本政府和老百姓举国欢呼，置身于这种环境中的中国留日学生悲愤交集。他们既无力制止日本人举国疯狂，只好采取默然而无力的反抗行动——罢学回国。这可能是一个海外孤儿学子所仅能做到的反抗罢了。于是他们集体回国，而且永不再返回复学了。至此，近代中国留学日本的历史正式结束。留日学生回国后，大部分人没有再上学，而是立即投身到抗战事业中去。他们中大部分人日语娴熟，深谙日本国情，不论是从事翻译还是从事宣传、调研工作，都是一批得力的人才。

留日教育史上的一个插曲

中国近代留日教育史上还有一个插曲，那就是日本在中国建立的几个傀儡政权向日本派遣留学生，接受奴化教育。

日本帝国主义在侵华过程中，采取分而治之的策略，每占领一地，即搜罗汉奸卖国贼，建立傀儡政权，以实现"以华治华"的目的。1931 年日本发动九一八事变，占领了中国东北三省后，于 1932 年 3 月捧出前清逊帝溥仪建立伪满洲国。日本除在伪满洲国推行殖民地奴化教育，而且鼓励伪满洲国向日本派遣留学生，以培养忠于日本的奴化人才。据统计，到 1936 年，在日本的伪满留学生有 1800 余人。伪满皇帝溥仪的弟弟溥杰前后两次赴日本留学，先后就读于日本陆军士官学校和陆军大学。

1937 年日本挑起全面侵华战争后占领了中国华北、华东和华南一些省份，扶植当地汉奸卖国贼和民族败类，建立了伪中华民国临时政府、伪中华民国维新政府、伪蒙疆联合自治政府、汪伪中华民国国民政府。这些汉奸傀儡政权也相继向日本派遣了留学生。全面抗战爆发后，由中华民国国民政府派出的留日学生已经辍学回国，这时在日本的中国留学生，基本上就是这些傀儡政权派出的留学生。据伪华北政务委员会统计，1938 至 1943 年间，伪华北各省市（包括河南、河北、山东、山西、北平、天津、青岛等地）派遣留日学生 943 人，其中公费生 411 人，自费生 532 人。据统计，抗战期间由伪政权派出的留日学生总数在三四千之间。

1945 年 4 月，日本法西斯在面临覆灭的前夕，扬言进行所谓"大东亚决战"，通令日本各学校停课一年，中国留日学生大多于此时回国。到 1945 年 8 月日本宣布投降时仍留在日本的留学生只剩下 456 人。这些留学生战后由国民政府遣送回国。同时遣送回国的还有 1400 名台湾籍留日学生。

战后，国民政府专门设立了"留日学生资格甄审委员会"，对这批由伪政权派遣的留日学生进行严格的审查，并予以"洗脑"。经审查合格后，根据其本人的学业及教育程度，由国民政府教育部发给了证明书。应当承认，在这批留学生中，确有少数死心塌地忠于日本主子的民族败类，但大多数是无辜的，不能与汉奸相提并论。

五　留学生与近代中国

从 1872 年清政府派遣的第一批留美幼童出洋开始，到 1949 年中华人民共和国成立止，中国的留学运动几乎不间断地持续了 78 年。据有人估计，在这 78 年中出国留学的人数超过 10 万，这是一个非常可观的数字，在世界各国留学史上恐怕也是绝无仅有的。在这庞大的留学生队伍中，既有几代革命领袖，也有拥兵自重、割据一方的军阀，以及在政坛纵横捭阖、翻云覆雨的官僚政客；还有卖国求荣的汉奸卖国贼；他们中的许多人成为中国近代首屈一指的思想家、学者、科学家。当然更多的是在各个领域，为促进中国的近代化而默默耕耘的人物。总之，留学生对近代中国历史影响巨大。

1　留学生与近代中国政治

说起留学生与近代中国政治的关系，首先不能不说到近代中国历史上的两次革命运动：一是以孙中山为代表的资产阶级革命党人领导的辛亥革命运动，一是以毛泽东为代表的中国共产党人领导的新民主主义革命和社会主义革命运动。这两次革命运动的主要领袖人物几乎都是留学生出身。

关于留学生与辛亥革命的关系，前面已有论述，这里不再重复。这里仅指出的是，由于辛亥革命的主要领导者是留学生，所以在辛亥革命后建立起来的革命政府——南京临时政府的主要成员也都是留学生出身（见表2）。

表2　南京临时政府主要成员

职　务	姓　名	留学国别
陆军总长	黄　兴	日本
次长	蒋作宾	日本
海军总长	黄钟英	英国
次长	汤芗铭	英国
司法总长	伍廷芳	英国
次长	吕志伊	日本
财政总长	陈锦涛	美国
次长	王鸿猷	日本
外交总长	王宠惠	日本、美国
次长	魏宸组	法国
内务总长	程德全	—
次长	居　正	日本
教育总长	蔡元培	德国
次长	景耀月	日本
实业总长	张　謇	—
次长	马君武	日本、德国
交通总长	汤寿潜	—
次长	于右任	日本

从表2可以看出，在南京临时政府的18名内阁成员中，有15人是留学生出身。

又据另一项统计，在民国初年的国会议员中，有教育背景可考的国会议员共 499 人，其中留学生出身的 258 人，占 51.7%，在国内接受新式教育的 147 人，占 29.46%，传统功名出身的 94 人，占 18.84%。留学生出身的国会议员占半数以上。特别是那些在议会斗争中有上乘出色表现者，几乎都是留学生出身。这种情况表明，留学生出身的国会议员熟悉西方议会政治的操作程序及方式，因而在实际斗争中能够得心应手。相反，那些传统功名出身的国会议员对西方议会政治所知甚少，在实际斗争中自难有出色表现。对于民初的民主政治，历来有不同的评价。如胡适就认为，民主政治在中国的发展最值得惋惜的便是民国初年的那一段。他觉得那时的北京政府已具备了民主政治的基本结构，而掌握结构的成员，如民初的国会议员，也都是些"了不起的人物"。中国失去那一个大好时机，真是国运也失?!

不论从什么立场去评价民初的民主政治，都不能否定，由于留学生将西方民主政治的一套办法移植到中国来，对于具有几千年封建专制统治的中国来说，无疑是带来了一股清新之风，是有重大的历史意义。民主政治的建立虽然不可能一蹴而就，在一夜之间建立起来，但它昭示了历史发展的方向。

辛亥革命是一场不成熟的革命。革命的果实很快为窃国大盗袁世凯篡夺。在袁世凯镇压"二次革命"后，原来在政权中居主导地位的革命党人要么被打入地下，要么流亡海外，成为亡命客。政权重新为清朝官僚政客所掌握，所以，在北洋军阀统治时期，虽然还有不少留学生参加政府工作，但他们已经沦为地地道道的帮闲或跑龙套的角色。最典型的一个例子，为袁世凯复辟帝制鸣锣开道的"筹安会六君子"全部是留学生出身，除严复留学英国外，杨度、孙毓筠、刘师培、胡瑛、李燮和等五人均是留日学生出身。

据一项统计材料显示，从1912年至1928年间，北京政府先后更换了32届内阁。31位内阁总理中有13位是留学生出身，占41.93%；在109位内阁成员中，有56人是留学生出身，占51.37%。在北洋军阀统治时期，留学生出身的官僚政客们占有很大比例，不过在中央政府权力衰微，各省军阀割据的背景下，留学生参加政府，充其量也只是为大小军阀服务的新式官僚。蔡元培称他们这批人为"双料官僚"。

到1927年国民党政权建立后，留学生在政权中的地位和作用又有了很大提高。国民党主要领袖人物，如蒋介石、胡汉民、汪精卫、吴稚晖、李石曾、蔡元培、伍朝枢、邓泽如、何应钦、戴季陶、孙科、陈立夫、孔祥熙、宋子文等等，大都是清末民初时留学生。到三四十年代，国民党政府又相继罗致了一批民国时期的留学生，如王世杰、朱家骅、翁文灏、蒋梦麟、钱昌照、蒋廷黻、何廉、吴景超、陈之迈、胡适等，担任各种中上级职务。据1942年的一项统计，在219名国民党中央委员中，留学出身者占40.63%，国内高等学校毕业者占13.69%，国内中等学校毕业者占9.13%，军警学校毕业者占22.83%。在国民党统治时期，担任行政院（相当于内阁）正副院长、各部部长的 109 人中，留学生出身的 62 人，占 56.88%，国内新式教育出身者 23 人，占 21.1%，传统功名出身的仅 2 人，占 1.83%，其余 22 人教育背景不详。另据 1948 年出版的《中国当代名人传》收录的 198 名国民党要人统计，留美出身者 34 人，留欧出身者 22 人，留日出身者 32 人。1933 年 5 月，宋子文在访美期间，对美国公众作了一次广播讲话。宋子文在讲话中指出：

> 你们知道我国政府本届内阁成员中有一半以上是你们的高等院校毕业生吗？我很幸运，是哈佛大学的毕业生。
>
> 在我的近亲里，我的妹妹蒋介石夫人是韦尔斯利学院毕业生。两个姐姐孙中山夫人和孔祥熙夫人（她的丈夫曾是工商部长）都曾经在佐治亚州梅肯的卫斯理女子学院读过书。

由以上情况可以看出，在国民党上层领袖人物中，留学生占了很大的比例，在这个政权中起主导作用。

但是，我们也应看到，以上只是就国民党上层来说的。如果就国民党中下层来说，留学生的比例则要小得多。据 1929 年国民党党员统计，在 63 万党员中，大学和专科学校毕业者占 1/10 以上，其中留学欧美者 700 余人，留学日本者 1000 余人。这个比例是相当小的。

最后，我们考察一下，在中国共产党领导的共产主义革命运动中，留学生发挥了什么样的作用。最早在中国宣传马克思主义的陈独秀、李大钊、李达、李汉俊、陈望道等人，都是留日学生。各地共产主义小组的负责人，也大都是留学生。如上海共产主义小组的陈独秀、李达、李汉俊、陈望道、沈泽民、林伯渠；北京共产主义小组的李大钊、黄日葵、江浩；湖北共产主义小组的董必武、张国恩；日本共产主义小组的周佛海、施存统。此外，其他地区的共产党组织创建人和早期活动家彭湃、周逸群、张闻天、邓子恢、杨匏安、陈公博、于树德、谭平山等也都是留学生出身。时隔不久，从法国勤工俭学回来的一批留学生也成为中国共产党著名领导人，如蔡和森、向警予、徐特立、周恩来、朱德、邓小平、赵世炎、王若飞、刘伯坚、陈毅、聂荣臻、李富春、何长工等。中共成立后，苏联共产党在莫斯科设立了东方劳动者共产主义大学（简称"东大"），专门为各国培养共产主义革命人才。1924年国共合作实现后，苏联又于1925年在莫斯科设立了中山大学，专门为中国革命培养干部人才。留俄学生中，刘少奇、任弼时、肖劲光、罗亦农、王明、博古、陈云、康生等成为中共著名领导人。1927年大革命失败后，中国共产党又派遣一批党员赴苏联军事学校学习，接受系统军事教育，刘伯承、林彪等成为中共杰出的军事指挥人才。由此也可以看出，在早期的中国共产党领导人中，留学生的比例是相当大的。他们在领导中国的共产主义革命中发挥了巨大作用。

❷ 留学生与近代中国军事

　　清政府在两次鸦片战争中的失败，彻底暴露了清朝八旗、绿营和防军日益腐朽衰败的严酷现实。清朝统治阶级中的有识之士意识到，彻底变革清军的武器装备和军事制度已是势在必行。军事留学生的派遣就是在这种背景下进行的。

　　清政府最先派出的是海军留学生。从 1875 年至 1896 年，清政府先后四批，向欧洲派遣了 80 名海军留学生，学习海军驾驶和制造技术。1903 年，张之洞从江南水师学堂选拔了 8 名毕业生赴英国学习驾驶。1904 年，江苏省派遣关振南等 6 人赴英学习驾驶。1905 年，海军事务处派林国赓等 4 人赴英。1906 年，清政府从各省选拔沈鸿烈等 36 人赴日本海城海军学校学习，这是清政府首次向日本派遣海军留学生。1908 年，清政府再派罗致通等 50 人赴日攻读轮机制造专业。1909 年，清政府又向英国派遣了 23 名海军留学生。从 1909 年起，参谋部海军部实行特别保送海军留学生制度。据统计，1909 年在日本的海军留学生约为 200 人。民国建立后，海军总长刘冠雄派遣 25 人留英，55 人留日。1913 年，海军部设置海军留英学生监督处，专门管理海军留学生事务。同年 9 月，任命施作霖为驻英海军留学监督，并派杨砥中等 13 人随往英国学习海军。此后，续有海军留学生派遣。据统计，从 1876 年至 1928 年，中国先后派出十几批海军留学生前往英、法、日、美等国，总人数为 400～500 人之间，其中英法两国约 200 人，日本约 300 人，美国较少。

1928 年，南京政府建立后，继续派遣海军留学生，据统计，从 1929 年至 1938 年，海军部共派遣海军留学生 93 人，其中，英国 55 人，德国 20 人，日本 8 人，意大利 6 人，美国 4 人。除海军部外，军政部也派遣过一批海军留学生赴德国学习鱼雷快艇。从以上材料看，从 1876 年至 1938 年，中国先后派出海军留学生 600 人左右。

海军留学生在中国近代海军建设中的作用，大体表现在以下几个方面：

第一，培养海军人才。海军留学生回国后，有一部分担任教职，培养海军人才。严复从英国留学回国后担任福州船政学堂教官，1880 年担任北洋水师学堂教习，以后又升为总办。严复在北洋水师学堂服务 20 多年，培养了大批人才。留学英国的杜锡珪担任福州海军学校校长。1933 年创办的青岛海军学校校长及教职员主要由留日学生担任，仿照日本海军士官学校制度，对学员进行军国主义教育，教材亦多译自日本。

第二，海军制造专家。中国的海军初创时期，海军制造技术方面完全依赖聘请的外国专家。当第一批海军留学生回国后，这种局面才改变。魏翰和李寿田是第一批赴法国学习制造的留学生，他们回到福州船政局后，成立了一个负责指导船政局业务的工程处。魏翰等人经过四五年的艰苦摸索，终于制造出了我国自行设计制造的当时最大的一艘巡洋舰—开济号。后来，工程处又造出了镜清和寰泰两艘巡洋舰。从此，福州船政局进入自己设计、自己制造阶段，又相继制造了艺新、登瀛洲、泰安、横海、广甲、龙威等船。魏翰后来担任海军造船总监、福州船政局局长，成为我国第一代造舰专家。1884年从德国留学回来的陈才瑞，奉命进行鱼雷制造，在福州船政局建立鱼雷车间，相继制造出了鱼雷和水雷。1915年由北京政府派往美国麻省工学院航空工程系的巴玉藻、王助、王孝丰、曾贻经等人，获得了硕士学位后回国，1918年在福州船政局附设飞机制造工程处，巴玉藻做主任，王助、王孝丰、曾贻经为副主任。1919年8月，巴玉藻等人成功地制造了我国第一架水上飞机——甲型一号。此后，不断改进，陆续制造了各式飞机15架，其性能不亚于同时代欧美各国所制造的飞机。巴玉藻后来出任马尾飞机制造处处长，成为我国早期的飞机制造专家。

第三，中国海军的高级指挥官。清末留欧海军学生回国后，迅速成长为海军的高级指挥官。1888年成立的北洋舰队，除提督丁汝昌非留学生外，刘步蟾任右翼总兵，全面负责舰队的业务技术；林泰曾任左翼总兵，叶祖珪任海军副将，萨镇冰任海军帮统。北洋舰队主要舰船的管带（舰长）也大半是这批留学生。镇远号管带林泰曾、定远号管带刘步蟾、经远号管带林永升、靖远号管带叶祖珪、济远号管带方伯谦、超勇号管带黄建勋。在1894年中日甲午海战中，北洋海军进行过英勇抵抗。刘步蟾、林泰曾、黄建勋等壮烈殉国。其后，萨镇冰任长江舰队统制，中华民国成立后，多次出任海军总长兼代国务总理职务，成为我国海军元老。北洋政府统治时期，先后担任海军总长的刘冠雄、程璧光、萨镇冰、李鼎新、杜锡珪、林建章等人，除林建章 1 人，其余 5 人均为留英海军学生出身。1927 年南京政府成立后，长期担任海军部部长、海军总司令的陈绍宽是留美学生出身。另外，东北海军司令沈鸿烈是留日学生出身。1929 年南京政府首届考选 20 人赴英国学习海军，入格林威治海军学院学习。这批人后来迅速成长为南京政府海军的中坚力量。林遵从英国留学回国后，又于 1937 年赴德国学习潜水艇技术。1939 年回国后，担任国防部研究院海军研究员、参谋总长办公室海军参谋、海军部海防第二舰队司令。1949 年 4 月 23 日，率部在南京笆斗山江面起义。中华人民共和国成立后，任海军学院副院长、海军东海舰队副司令等职。邓兆祥从英国留学归来后，担任海军军官学校训育主任、重庆号舰长等职。1949 年 2 月 25 日率重庆舰在上海吴淞口起义。中华人民共和国成立后，历任重庆号舰长、辽东海军学校、快艇学校校长、海军北海舰队副司令、海军副司令员等职。1949 年去台湾后，任台湾当局"海军总司令"、"参谋总长"的黎玉玺是留学德国出身。

中国最早派遣陆军留学生，是从 1876 年开始的。这年，李鸿章派遣卞长胜等 7 名淮军青年军官赴德国留学。此后 20 年间，由于李鸿章集中精力从事海防建设，未再派遣陆军留学生。直到 1898 年，浙江巡抚选派 4 名陆军学生赴日留学，陆军留学重新开始。

陆军留学生的大批派遣得力于袁世凯的大力提倡。袁世凯从建立一支近代化军队出发，大力提倡派遣陆军留学生。1904 年，清政府正式公布《选派陆军学生分班游学章程》，鼓励各省督抚派遣陆军留学生。清末的陆军留学生除少数赴欧洲外，绝大多数选送日本。据统计，清末历年陆军留学生人数如下：1898 年 8 人，1899 年 49 人，1900 年 60 余人，1901 年 130 人，1903 年 200 余人，1904 年 500 人，1905 年 280 余人，1906 年 1600 余人，1909 年 700 人。陆军留日学生在日本所受教育，大致可分为三级：第一级是成城学校、振武学校、东斌学校等，这是为中国陆军留学生开办的预备学校。中国陆军留学生从这些预备学校毕业后，一般须入日本联队见习一个时期，然后进入陆军士官学校。陆军士官学校是日本的初级军校，专为培养中下级军官。陆军士官学校毕业后，少数可进入陆军大学深造。陆军大学是专门培养中高级军官的高级军校。不过，清末陆军留学生中进入陆军大学的极少，大部分毕业于预备学校和陆军士官学校。据统计，清末陆军留日学生中，毕业于成城和振武学校的有 850 余人，毕业于陆军士官学校者 673 人。据统计，陆军士官学校历届中国毕业生如下：第一届 41 人，第二届 25 人，第三届 98 人，第四届 91 人，第五届 66 人，第六届 217 人，第七届 55 人，第八届 57 人，第九届 48 人，第十届 35 人，第十一届 19 人。民国成立后，继续向日本派遣陆军留学生。据统计，从 1911 年至 1937 年，毕业于陆军士官学校的中国留学生共有 888 人。

这多达数千人的留日陆军学生在中国近现代史上有着极为重要的地位。首先，陆军留学生是促成辛亥革命爆发的先锋力量。许多军事留学生在日本留学期间，推崇孙中山思想，转而走向革命道路，成为辛亥革命后各地起义的领袖人物。武昌起义后，几乎各省的兵权都由这些留日士官生掌握。如福建的许崇智、上海的陈其美、浙江的蒋尊簋、安徽的柏文蔚、江西的李烈钧、东北的蓝天蔚、云南的蔡锷、山西的阎锡山、陕西的张凤翙、四川的尹昌衡、直隶的吴禄贞、张绍曾、广东的陈炯明等。据统计，参加云南起义的40 名新军将领中，有 31 名是留日学生，其中 90% 毕业于陆军士官学校。从这个意义上讲，没有留日军事生，就不会有辛亥革命。

民国时期，掌握中央政府和各省军政大权的风云人物中，留日学生占了很大比例，蔡锷、李烈钧、柏文蔚、陈其美、蒋作宾、孙传芳、杨文恺、阎锡山、张凤翙、赵恒惕、程潜、蒋介石、徐树铮、杨宇霆、姜登选、韩麟春、于珍、邹作华、常荫槐、王树常、于国翰、邢士廉、何柱国、唐继尧、顾品珍、张群、杨杰、王柏龄、何应钦、谷正伦、唐式遵、贺耀祖、朱绍良、汤恩伯、孙元良、张辉瓒、刘存厚、李书城、许崇智、陈炯明、曲同丰、胡景伊、岳开先、盛世才、何成浚、宋希濂、方鼎英、陈仪、钱大钧、熊式辉、曹浩森、张发奎等都是留日出身。舒新城指出："戊戌以后的中国政治，无时不与留学生发生关系，尤以军事、外交、教育为甚，现在执军权之军人，十之八九可从日本士官学校丙午同学录与振武学校一览中求得姓名，军阀如此横行，留日陆军学生应负重大责任。"

此外，留日陆军学生对我国的现代军事理论的建立和军事教育也有重大影响。蒋百里1905年毕业于陆军士官学校，以第一名的优异成绩毕业。举行毕业典礼时，日本明治天皇亲自颁给蒋百里指挥刀等奖品，被称为"士官三杰"之一。蒋百里回国后，在长期的军事实践活动中，潜心研究国防理论，于1937年出版《国防论》一书，成为中国现代国防理论的奠基者。继蒋百里之后，1911年毕业于陆军士官学校的杨杰，潜心研究国防理论，先后出版《国防新论》、《军事与国防》等军事论著，成为继蒋百里之后的又一军事学泰斗，斯大林称之为"战略专家"。

在军事教育方面，留日陆军学生也起了很大作用。从清末开始，留日陆军学生回国担任军事教官的为数不少。如蔡锷先后担任江西、湖南军事学堂的教员，广西陆军小学堂总办，并创办了广西讲武堂，培养了一大批军事人才。民国时期，最有影响的两所军校：保定军官学校8任校长中，有5任是日本陆军士官学校留学生，学校的教育长、炮兵科长、骑兵队长等重要职位都是由留日学生担任。黄埔军校的校长蒋介石、战术总教官何应钦、教育长兼代校长方鼎英均是留日学生出身。因此，民国时期，在军界影响最大的保定系和黄埔系，均是由留日学生教育出来的。

在近代陆军留学生中，除留日学生外，还有少数是留学德国、法国和美国出身。留学德国较早的是段祺瑞，他于 1889 年赴德国学习炮兵，后来成为皖系军阀头子，三任北京政府总理，并于 1925 年出任中华民国执政。清末民初的留德学生中成名的不多。30 年代后，南京政府又向德国派遣了一批陆军留学生，他们中有桂永清、黄镇球、邱清泉、范汉杰等。美国在清末很长一个时期拒绝中国学生进入美国军事院校学习。1905 年，两广总督派遣两名学生进入纽约委士边武备大学，开中国留美军事教育的先河。此后，美国政府规定，所有拟入美国陆海军学校的外国学生，必须持有所在国政府的照令，方可入学。著名的陆军西点军校，外国人必须经美国国会特许，才能入学。由于限制较严，中国学生入美国军校人数极少。据统计，1909 ~ 1949 年间，清华学校留美学生达 1000 多人，其中学习军事的只有 60 人。留美军事学生不仅人数少，影响也不大。1918 年毕业于西点军校的王赓，担任了北京政府交通部护路军副司令、国民政府兵工署昆明办事处处长等中下级职务。较有名气的是孙立人，他1927 年毕业于弗吉尼亚军事学院，后来担任了陆军副总司令、西南军政长官公署副长官，1949 年去台湾后，先后担任"台湾警备司令"、"陆军总司令"、"总统府参军长"等职务。留法学生中，学习陆军的也不多。1930 年，南京国民政府派遣廖耀湘等 36 人赴法国学习军事。廖耀湘 1936 年毕业于法国陆军大学。后来，担任新六军军长、第九兵团司令等职。

❀ 留学生与近代中国外交

外交工作是一项技术性很强的工作。留学生熟悉外国情况，并熟悉外国语言，与未出过国的人相比，留学生从事外交有很大的优势。事实上，清末留美幼童回国后，很快在外交领域崭露头角，到民国时期，留学生出身的外交官成为外交队伍的主体，在外交方面发挥了很大的作用。

清末的 100 名留美幼童回国后，从事外交行政工作的有 24 名，其中领事、代办以上外交官 12 人，外交次长、公使 2 人，外交总长 1 人，内阁总理 1 人。梁敦彦、梁如浩、唐绍仪是他们中的佼佼者。1904 年，唐绍仪担任驻英公使，赴印度加尔各答和英方代表就《拉萨条约》进行谈判。在谈判中，唐绍仪坚持中国在西藏的主权，迫使英国政府作出"让步"，部分地挽回了中国对西藏的主权。1911 年 5 月 8 日，清政府宣布成立内阁，梁敦彦出任外务大臣，留学生出身的外交官第一次成为外交最高主官。

1912 年中华民国成立后，留学欧美、日本的留学生先后归国，服务于外交界。据 1935 年出版的《中国外交年鉴》中的《现任重要外交官及领事官》记载，在外交部 86 名重要职员中，留学生出身的有 73 人，占 84.88%。从 1912 至 1949 年，正式担任过外交总长的有王宠惠、陆征祥、梁如浩、孙宝琦、曹汝霖、唐绍仪、陈锦涛、伍廷芳、汪大燮、颜惠庆、顾维钧、王正廷、沈瑞麟、胡惟德、施肇基、胡汉民、伍朝枢、黄郛、陈友仁、罗文干、汪精卫、张群、郭泰祺、宋子文、蒋介石、王世杰、傅秉常、叶公超，在上述28人中，除陆征祥、孙宝琦、汪大燮、沈瑞麟等少数几人外，其余全是留学生出身。民国时期一批享有盛誉的职业外交家，如顾维钧、颜惠庆、王正廷、施肇基、伍朝枢、黄郛、陈友仁、郭泰祺、王世杰、傅秉常、叶公超等几乎全是留学生出身。

留学生出身的外交家深受西方思想影响，他们大多具有爱国心，在外交工作中为争取民族独立和收回部分主权作了很大努力。

在1919年召开的巴黎和会上，顾维钧据理力争，驳斥日本代表的无理要求，获得各方面广泛的同情和赞扬。顾维钧也因此一举成名。事后顾维钧在回忆这一段往事时说："那天鄙人虽无片纸底稿，或因鄙人激于愤慨，一本国民爱国天良，随口畅言，思想如泉之涌涌而起。"后来，代表团顶住压力，坚决拒绝在巴黎和约上签字，对帝国主义的强权外交进行了坚决的抗争。1920年8月，颜惠庆出任外交总长后，首先取消对帝俄之承认，停止对帝俄支付庚子赔款，同时派人接收了天津、汉口和在华俄人的治外法权。苏维埃政府为此声明表示满意，并希望互派代表建立外交关系。1921年5月20日，颜惠庆主持签订中德复交条约，废止战前德国在华一切特权，并以巨款赔偿我国参战损失，这是民国以来第一次签订平等条约。同年7月在华盛顿会议上，中国代表施肇基、顾维钧、王宠惠提出关税自主、撤销领事裁判权、退还租借地、撤退外国军警、撤废客邮、撤废外国无线电台、交还山东、取消"二十一条"等八项要求。三位留美出身的外交官，在会上义正词严，据理力争，在会下则进行广泛交往折冲，争得不少同情，孤立了日本。尽管这次会议取得的成果不多，但它终究是一次维护主权的外交胜利。特别是抗日战争爆发后，留学生出身的外交家折冲于外交界，为争取世界各国援助中国抗战做出了很大贡献。在这一场外交战中，甚至连一向与外交无缘的胡适也欣然出任驻美大使职务。在"孤立主义"盛行的美国，要想取得美国对中国抗战的公开支持是相当困难的。陈光甫在当年日记中描述胡适的困苦处境时说：胡氏经常同美国国务院远东司长贺伯克打交道，贺氏老气横秋，派头十足，"彼对（胡）适之讲话，有如老师教训学生，可见做大使之痛苦矣"。胡适面对此种难堪局面，并没有灰心，抱着"有一日力量，出一日力"的决心，为争取美国援华抗战而殚精竭虑，最后终于敲开了美国援华的大门，翻开了中国抗战外交史的新篇。太平洋战争爆发后，在中国人民强烈要求下，蒋介石派遣宋子文、魏道明、顾维钧等与美英交涉，要求他们放弃在华特权，废除自1842年以来签订的所有不平等条约。经过谈判，终于在1943年1月11日在华盛顿签订《中美新约》，宣布取消美国在华治外法权，终止辛丑（1901）条约及其附件给予美国之权利，终止在北平、上海、厦门之租界权等。同日，中英两国政府也签订了相同内容的《中英新约》。无疑，这是近百年来中国外交的一大胜利，是中国人民多年奋斗，特别是艰苦抗战5年的成果。

当然，外交属于上层建筑，受政治的制约。留学生出身的外交家为争取民族独立和维护国家主权，做了很大努力，但仅仅依靠他们的力量是根本无法改变中国近百年屈辱的外交史的。只有在中国共产党领导下，彻底推翻帝国主义、封建主义和官僚资本主义三座大山之后，中华人民共和国才真正成为享有独立主权的国家。

留学生与近代中国科学技术

中国的近代科学，不是对中国传统科学的继承，而是移植西方科学的产物。最早将西方科学介绍到中国来的是西方的传教士。西方传教士来华后，以传播西学作为传播"福音"的媒介。他们编译书报、组织学会、创办学堂、设立医院等，为中国培养了最早一批具有初步科学知识和技能的新式人才。但是，西方传教士对西方科学的传播，其内容是零散、肤浅、片面的。真正将西方科学整体性面目介绍到中国来，并使之在中国土地上生根的，是近代中国的留学生。他们不仅将西方科学首次完整地移植到中国来，而且身为之倡，他们成为中国近代科学的奠基人，这是留学生贡献最大的一个领域。

中国传统学术只分经、史、子、集几大门类，与此相反，西方学术分类非常精细，社会科学方面有考古学、人类学、语言学、法学、政治学、经济学、社会学、伦理学、哲学、图书馆学，自然科学方面有地理学、地质学、生物学、物理学、化学、数学、天文学、气象学，而且科学越发展，分类越细。留学生回国后，将西方各门科学移植到中国来，打破了数千年来经、史、子、集等独占学坛的局面，这些新兴学科在中国的创始人和早期的学术骨干绝大多数是留学生。

地质学是较早移入中国的学科。这门学科的奠基人是章鸿钊（日本东京帝国大学地质系）、丁文江（英国格拉斯哥大学地质学博士）、翁文灏（比利时罗汶大学理学博士）、李四光（英国伯明翰大学硕士）。1912年1月南京临时政府实业部矿务司下设地质科，由章鸿钊担任科长。章鸿钊任科长时拟定了一份《中华地质调查私议》，主张政府应大力开展全国性的地质调查，建议创办地质研究所。几个月以后，南京临时政府北迁，实业部改组为农林部和工商部。工商部设矿政司地质科，由丁文江任科长。丁文江上任后创办了工商部地质调查所，由丁文江任所长。1913年，丁文江又创办地质研究所，并任所长。丁文江聘请翁文灏为专任讲师，培养了叶良辅、谢家荣、朱庭祜、李学清、王竹泉、谭锡畴等第一批地质学人才，他们中有许多人后来成为中外闻名的地质学家，活跃在中国地质学界，是中国地质科学各分支领域的开拓者。从此，中国地质学走上了正规发展的道路。1918年，北京大学首先设立地质系，留美学生何杰任第一任系主任，李四光应聘担任该系副教授、教授。1922年1月，在北京成立了中国地质学会，选举章鸿钊担任会长，翁文灏、李四光为副会长。从 1922 年至 1950 年，历任会长章鸿钊、丁文江、翁文灏、王宠佑、李四光、朱家骅、谢家荣、叶良辅、杨锺健、黄汲清、尹赞勋、孙云铸、李春昱、俞建章大多有留学经历。

在中国系统而深入地研究近现代数学的，也是留学生。他们学成回国后，创办数学研究机构和刊物，培养数学人才，逐步形成了中国数学研究的骨干队伍。留学生中，最早学习数学的当推冯祖荀（留日）、郑之蕃（留美）、胡明复（留美）、姜立夫（留美）等，胡明复和姜立夫在美国获得数学博士学位。回国后，胡明复在上海大同大学、姜立夫在南开大学创立数学系，为建立中国的数学研究队伍作出了贡献。之后，熊庆来（法国国家理科博士）、陈建功（日本东北帝国大学理学博士）、华罗庚（英国剑桥大学）、许宝騄（伦敦大学哲学博士）、陈省身（德国汉堡大学科学博士）、苏步青（日本东北帝国大学理学博士）、江泽涵（留美）、吴文俊（留法）等一批留学生相继回国，成为中国近现代数学的最杰出人才。他们通过教学和科研，培养了大批学生，使中国的数学研究队伍迅速扩大。1935 年 7 月，在上海成立了中国数学会，选举董事 9 人、理事 11 人、评议 21 人，这是第一个全国性的数学学术团体。在中国数学会成立大会上，还决定出版《中国数学学报》、《数学杂志》。到 20 世纪 40 年代，中国近现代数学研究开始成熟，有些成果并已进入世界先进行列。

中国人对物理学进入深入研究，是从 20 世纪 20 年代开始的。1928 年国立中央研究院设立物理研究所于上海，1929 年，在北平研究院也设立物理研究所。与此同时，北京大学、清华大学、北平师范大学、中央大学、南开大学、北洋大学、浙江大学、武汉大学、中山大学等 20 多所大学也相继设立了物理系，除了进行物理教学外，还开展物理研究。1932 年 8 月，在北京成立了中国物理学会。从 1932 年至 1950 年，历任会长是李书华（法国巴黎大学理学博士）、叶企孙（美国哈佛大学博士）、吴有训（美国芝加哥大学物理学博士）、严济慈（法国巴黎大学理学博士）、周培源（美国芝加哥大学硕士），历任副会长叶企孙、梅贻琦（美国沃斯特工科大学电机工程专业）、丁西林（英国伯明翰大学理科硕士）、严济慈、萨本栋（美国伍斯特工科大学物理学博士）、饶毓泰（美国普林斯顿大学博士）。此外，在物理学研究方面做出了突出贡献的李耀邦（美国芝加哥大学）、王淦昌（德国柏林大学博士）、赵忠尧（美国加利福尼亚理工大学哲学博士）、钱三强（法国国家博士）、吴大猷（美国密西根大学物理学博士）、张文裕（英国剑桥大学博士）、汪德昭（法国国家博士）、吴仲华（美国麻省理工大学博士）、钱学森（美国加利福尼亚理工学院博士）、钱伟长（加拿大多伦多大学博士）等，都是留学生出身。

化学方面，1907 年 12 月，留学欧洲的 7 位中国学生发起成立中国化学会欧洲支会，选举了会长、书记、会员，发展会员，开展了一些活动。1922 年 9 月，留学美国的庄长恭等人发起成立中华化学会，1925 年 5 月，选举了中华化学会理事会，首任会长王箴（美国密执安大学）。1932 年 8 月，在南京成立了全国性的中国化学会，推选陈裕光为首届会长。从 1932 年至 1949 年，中国化学会的历任会长是陈裕光（美国哥伦比亚大学博士）、曾昭抡（美国麻省理工学院化学博士）、吴承洛（美国哥伦比亚大学硕士）、张洪沅（美国麻省理工学院博士）、范旭东（日本东京帝国大学）都是留学生出身。

我国生物学的奠基人是留美学生秉志（美国康乃尔哲学博士）、胡先骕（美国哈佛大学科学博士）、钱崇澍（美国伊利诺大学学士、康乃尔大学硕士）等人。1922 年，秉志与胡先骕、钱崇澍等人发起，在南京成立了中国科学社生物研究所，由秉志任第一任所长。该所主办了《中国科学社生物研究丛刊》。1928 年，北平建立了静生生物调查所，秉志任所长。1929 年北平成立北平研究院动物研究所，1930 年北平研究院成立植物研究所，1934 年中央研究院成立植物研究所。北京大学、东南大学等大学相继成立了生物系；生物学研究和教学队伍迅速扩大。秉志、胡先骕、殷宏章（美加州理工学院博士）、张景钺（美利兹大学博士）、童第周（比利时比京大学物理学博士）、陈桢（美国哥伦比亚大学硕士）、贝时璋（德国士滨根大学博士）、伍献文（法国巴黎大学理学博士）、王家楫（美国麻省理工大学硕士）、钱崇澍、戴芳澜（美国康乃尔大学硕士）、罗宗洛（日本北海道帝国大学农学博士）、汤佩松（美国约翰·霍普金斯大学哲学博士）、冯德培（英国伦敦大学博士）、李先闻（美国康乃尔大学哲学博士）、俞大绂（美国衣阿华大学）、邓叔群（美国康乃尔大学硕士）等有突出成就的生物学家都是留学生出身。

社会科学方面，将政治学、法学、社会学、历史学、哲学等各门学科移植到中国来的，也是留学生。以哲学为例，一批留学生将西方哲学的各个流派介绍到中国来，胡适宣扬杜威的实验主义，张君劢、张东荪宣传德国柏格森学说，陈大齐、冯友兰、金岳霖等人宣传新实在论。在输入西方哲学思潮的同时，西方哲学的一套严密的思维方法也随之引入，并与中国传统哲学相整合。此外，马克思主义哲学在中国的传播也是以留学生为媒介进行的。最早在中国宣传马克思主义哲学的基本上是一批留日学生，随后留法、留苏学生对宣传马克思主义也做出了很大贡献。在社会学方面，据 1947 年 12 月的调查，全国 144 名社会学教授、副教授和讲师中，有 10 名美国人，其余 134 名中国教师中，有 107 名是留学生出身。

1948 年，南京政府举行中央研究院首届院士选举，从全国各科研机关和各大学中选出 81 名院士。在这 81 名院士中，只有余嘉锡、张元济、陈垣、顾颉刚、董作宾 5 人没有留学经历。余嘉锡是清末举人出身，从事古籍考证；张元济是清末进士，从事古本史籍校印；陈垣毕业于广州博济医学校，从事中国宗教史、校勘学年历学研究；顾颉刚毕业于北京大学，从事中国古代史、古地理学研究，董作宾毕业于北京大学国学门，从事殷墟卜辞断代、考订殷代历法和祀典。这5名没有留学经历的院士所从事的领域都是古籍与中国历史研究。其他76位院士全是留学生，特别是自然科学各学科中，清一色都是留学生。中央研究院院士是全国学术界的最高荣誉，此种状况反映出，留学生在中国近代科学中的地位。

如果说清末和民初的留学生是我国科学事业的开拓人的话，那么，在三四十年代的留学生则成为新中国科学事业的中坚力量。80年代，有人对877位中国科学家统计发现，留学生出身的科学家有662名，占总数的75.5%。其中1920年出国留学的35人，20年代出国留学的95人，30年代出国留学的200人，40年代出国留学的302人，50年代出国留学的28人，80年代2人。从留学国别来看，这662名科学家，留学美国的393名，占59.3%；留学英国的91名，占13.7%；留学德国的54名，占8.2%；留学法国的35名，占5.3%；留学日本的34名，占5.1%；留学苏联的28名，占4.2%；此外，留学比利时的6名，加拿大6名，瑞士6名，奥地利2名，丹麦2名，印度2名，荷兰1名，意大利1名。另据对中国科学院学部委员的分析发现，在1955年入选的172名学部委员中，有156名是留学生出身；1957年的191名学部委员中，有174人是留学生出身，留学生出身的科学家占90%以上。直至1981年，经过增补后的400名学部委员中，仍有344名是留学生出身，占86%。从以上这些数字，可以很清楚地看到留学生在移植西方科学技术过程中所起到的巨大作用。

5 留学生与中国文学艺术

留学生是中国近代文体革命的发起者。首先，留日学生在大量翻译日文书籍的过程中，大量输入日本语词汇，从而丰富了汉语词汇。本来，日本的汉字，都是从中国一点一画地学过去的。但日本人在学习汉语过程中，借用汉字创造了许多新语。例如"文学"一词，是日本人借用中国成语"文章博学"的字汇而创作的，用来代表英语所谓"literature"的意义。现在"文学"一词已融入中文。日本自近代以来，大量翻译西方书籍以输入西方文化。他们遇到难以表述的西方新事物新思想时，一般很少使用音译，而是借用汉字直接创造新词汇。例如"动产"、"不动产"、"治罪法"等词就是日本人在翻译西方书籍中借用汉字创造的。日本人还有一个造词法，就是当汉字没有适当的成语可用的时候，就组合不同的汉字来制作新语。例如以"哲学"表 philosophy，"说明"表 explanation，"断交"表 rupture 等。上述新词汇，虽然都是由汉字荟萃而成，却非传统中国语文所固有的。据学者研究，来自日语的现代汉语词汇多达 800 多个。如"一元论"、"二重奏"、"反革命"、"共产主义"、"自然科学"、"法律"、"形而上学"、"政治经济学"、"财阀"、"神经衰弱"、"唯物史观"、"新闻记者"、"国际

155

公法"、"教授"、"间谍"、"图书馆"、"银行"、"观念"等都是。这些现代汉语外来语都是通过留日学生引入进来的。这些外来语的引入，对中国的文章体裁产生了很大的影响。有学者指出："日语词汇对现代汉语词汇的影响很大，是现代汉语词汇中的外来词的主要来源之一，甚至可以说是最大的来源；许多欧美语言的词都是通过日语转移入现代汉语词汇里的。"著名语言学家王力指出："从民国初年到现在，短短的20余年之间，文法的变迁，比之从汉至清，有过之无不及。"由于大量日语外来语的融入汉语，不仅使汉语的词汇更加丰富，同时也给我们在接受近代科学技术时带来了很大的便利。

如果说留日学生的贡献是输入日语词汇，那么留美学生的贡献则是发动文学革命。中国的古文经过数千年的发展，已到了烂熟的程度，深奥难学的古文已成为教育普及和社会进步的一大障碍，扬弃古文，进行文学革命已是势在必行。这场文学革命的先驱是胡适等留美学生。1915年8月，胡适以英文写一篇题为"如何可使吾国文言易于教授?"的论文。在这篇论文中，胡适将中国文字与世界各国文字进行比较，认为希腊文和拉丁文是死文字，中国古文是半死文字，当代英、法、德、意文和中国白话文则是活文字。这篇文章是胡适酝酿文学革命的开始。这年的暑假，胡适与任鸿隽、梅光迪、杨杏佛、唐钺等几个留美挚友一起在绮色佳度夏。借此机会，胡将古文是半死文字、白话文活文字的观点提出来供大家讨论。有的赞同，有的反对，几个人争论得非常厉害。反对最力的当推梅光迪。不过，梅光迪的反对意见不但没有使胡适心服，反而更坚定了他发起一场文学革命的决心。胡适在一首送梅光迪远行的诗中写道："神州文学久枯馁，百年未有健者起。新潮之来不可止，文学革命其时矣。吾辈势不容坐视，且复号召二三子，革命军前杖马箠，鞭笞驱除一车鬼，再拜迎入新世纪！"这首"言志"诗充分表达了胡适发动文学革命的决心。胡适经过与留美学生中的挚友往返通信辩论，更加坚定了他的信念。1916年4月13日，胡适作了一首《沁园春·誓诗》词。词下阕云："文学革命何疑！且准备搴旗作健儿。要前空千古，下开百世，收他臭腐，还我神奇。为大中华，造新文学，此业吾曹欲让谁？诗材料，有簇新世界，供我驱驰。"1917年1月，胡适在陈独秀主编的《新青年》杂志上发表了《文学改良刍议》一文，主张改良文学须从八事入手，这篇文章被称为"文学革命的第一次正式宣言书"。接着陈独秀于2月份发表《文学革命论》，正式举起"文学革命"的旗帜。陈独秀在文章中说：

> 余甘冒全国学究之敌，高张"文学革命军"大旗，以为吾友之声援。旗上大书吾革命军三大主义：曰：推倒雕琢的、阿谀的贵族文学；建设平易的、抒情的国民文学。曰：推倒陈腐的、铺张的古典文学；建设新鲜的、立诚的写实文学。曰：推倒迂晦的、艰涩的山林文学；建设明了的、通俗的社会文学。

1918 年 4 月，胡适又发表《建设的文学革命论》，将他的文学革命论进一步概括为"八不主义"，即：①不作"言之无物"的文字。②不作"无病呻吟"的文字。③不用典。④不用套语滥调。⑤不重对偶—文须废骈，诗须废律。⑥不作不合文法的文字。⑦不模仿古文。⑧不避俗语俗字。胡适指出："我的'建设新文学论'的惟一宗旨只有 10 个大字：'国语的文学，文学的国语'。我们所提倡的文学革命，只是要替中国创造一种国语的文学；有了国语的文学，方才可以有文学的国语。有了文学的国语，我们的国语方才算得真正的国语。"文学革命的主张提出后，便所向披靡。白话文迅速取代古文，成为文学的主流。

留学生不仅是文学革命的发动者，而且在早期文学家中处于执牛耳的地位。1937 年日本小岛友于编撰的《现代中国著作家》一书，收录中国作家 322 人，有留学出身者 155 人。其中，留日出身者 57 人，留美 48 人，留欧 46 人，留学数国者 4 人。知名度较高的可以列举一部分：

留日：鲁迅、周作人、郭沫若、郁达夫、成仿吾、田汉、张资平、郑伯奇、夏衍、欧阳予倩、丰子恺、穆木天、冯乃超、朱镜我、胡风、周扬等。

留美：胡适、陈衡哲、冰心、梁实秋、闻一多、林语堂（美、德）、朱湘、徐志摩（美、英）、许地山（美、英）、洪深、熊佛西等。

留欧：戴望舒（法）、李劼人（法）、巴金（法）、李金发（法）、艾青（法）、王独清（法）、老舍

（英）、朱自清（英）、丁西林（英）、钱钟书（英、法）、刘半农（英、法）、宗白华（德）、冯至（德）、聂绀弩（苏）、韦素园（苏）、曹靖华（苏）、蒋光慈（苏）、李健吾（法）、梁宗岱（法）、朱光潜（英）。

出身不同国度的留学生，将各个国家的文学作品和文学思想，如写实主义、浪漫主义、新写实主义等，源源不断地输入中国，使中国文坛出现了不同的流派和风格。如"文学研究会"主张为人生的艺术。他们反抗无病呻吟的旧文学，反抗以文学为游戏的鸳鸯蝴蝶派的"海派"文人们。他们翻译俄国、法国及北欧的名著，介绍托尔斯泰、屠格涅夫、高尔基、安特列夫、易卜生及莫泊桑的作品。他们提倡血和泪的文学，主张文人们必须和时代的呼号相应答，必须敏感着苦难的社会而为之写作。文人们不是住在象牙塔里面的，他们乃是人世间的"人物"，更较一般人深切地感到国家社会的苦痛与灾难的。而"创造社"则反对文学的"功利主义"，提倡"为艺术的艺术"，高举浪漫主义的旗帜。一般说来，留日出身的作家对于社会现实有着强烈的关心，并且常常抱有强烈的反叛和抗拒心理，思想激进而又敏感。而留学欧美出身的作家则更多带有绅士气和书斋气，对社会现实的关注远不如留日出身作家。因此，他们的影响也就不如留日出身作家。在 30 年代，文坛的主流是左翼文学和大众文学。郭沫若曾经说过："中国文坛大半是日本留学生建筑成的。创造社的主要作家是日本留学生，语丝派的也是一样。此外，有些从欧美回来的彗星和国内奋起的新人，他们的努力和他们的建树，总还没有前两派的势力浩大，而且多是受了前两派的影响。就因为这样，中国的新文艺是深受了日本的洗礼的。"

6 留学生与近代中国教育

在中国新式教育的建立和发展过程中，留学生也做出了不可磨灭的贡献。

首先，留学生是西方近代化教育思想的主要传播者。

清末和民国时期影响较大的教育思想有军国民教育思想、实利主义教育思想、义务教育思想、平民主义教育思想，这些西方的教育思想大多是以留学生为媒介传播到中国来的。以平民主义教育思想为例，最早鼓吹平民教育的是章太炎、李大钊等人。1910 年，章太炎在日本东京创办《教育今语杂志》，他提出办刊宗旨之一是"提倡平民普及教育"。辛亥革命后，要求民主的呼声日高，平民教育思想也随之更多受到重视。李大钊于 1919 年 2 月发表《劳动教育》一文，主张广泛设立劳工补习教育机关，给工人以知识教育。他指出："Democraly（即民主）的精神，不但在政治上要求普遍选举，在经济上要求分配平均，在教育上、文学上也要求一个人人均等的机会，去应一般人的知识要求。"他认为："现代的教育，不许专立几个专门学校，拿印板的程序去造一班知识阶级就算了，必须多设补习教育机关，使一般劳作的人，有了休息的功夫，也能够就近得个适当的机会，去满足他们知识的要求。"接着，胡适、蒋梦麟、晏阳初、傅葆琛等一批留美学生回国，也加入了鼓吹平民主义教育思想的行列。1919 年 9 月，《教育杂志》出版专号，刊登了数篇留美学生撰写的有关平民主义教育的文章。这些文章对平民主义教育的目的、制度、课程、教材、教学等作了详细的阐述。他们指出：在第一次世界大战以前，军国民教育曾使日本一战而败中国，再战而败俄国。然而，第一次世界大战以后，实行军国民教育的德国却败于平民主义教育的美国及协约国。由此可见，军国民教育已不适于世界潮流，因而提倡平民主义教育。蒋梦麟在《和平与教育》一文中指出："此次世界大战之结果，平民主义已占胜势。世界潮流且日趋平民主义。平民主义愈发达，则其和平之基础愈巩固。故欲言和平之教育，当先言平民主义之教育；欲言平民主义之教育，当自养成活泼之个人始。"

在中国提倡平民主义教育、且身体力行的是留美学生晏阳初、陶行知、陈鹤琴等人。晏阳初，1918 年毕业于美国耶鲁大学，旋往法国战场办理中国劳工福利事宜。在法国，他发现这些华工几乎都是失学的青年或成年人，并目睹他们缺乏知识的痛楚，感触颇深。于是，就在华工中尝试举办识字教育，卓有成效。由此，晏阳初联想到国内尚有三亿以上的失学民众与国外华工相似，便萌发了回国从事平民教育的念头。1919 年，晏阳初从普林斯顿大学研究院获得学位后回国，主持中华基督教青年会全国协会平民教育科。从

1921 年起，他先后在长沙、烟台、嘉兴、杭州等地进行平民教育实验。1922 年在长沙兴办平民学校时，他提出了"除文盲、做新民"的口号。1923 年，晏阳初又在华北、华中、华西、华南等地开展义务扫盲活动。1923 年 8 月 26 日，由晏阳初发起，在北京成立了"中华平民教育促进会"（简称"平教会"）。晏阳初担任董事，张伯苓、陶行知等为董事，由曾任国务院总理的熊希龄夫人朱其慧担任董事长。1924 年 11 月，"平教会"在河北保定道 12 个县设立农村平民学校。1926 年，晏阳初征得直隶（即河北）省长同意，将直隶定县作为平民教育试验区，率领一批有志于乡村教育的知识分子赴定县进行平民教育实验。1928 年，他利用赴美国讲学并接受耶鲁大学名誉博士学位的机会，在美国募捐到 50 万美元巨资，回国后利用这笔资金聘请几十位专家到湖南、贵州、四川办试验县。

在晏阳初的大力提倡下，一大批有志于平民教育的留学生相继投入到平民教育的行列，他们之中有：

陶行知，1916 年获美国哥伦比亚大学教育学院硕士学位。1923 年，他与晏阳初等共同发起成立"平教会"。1927 年春，他在南京创办南京试验乡村师范学校（1929 年更名为晓庄学校），推行"生活即教育"、"社会即学校"、"教学做合一"。1932 年在上海市郊创办"山海工学团"，1937 年 7 月在上海创办育才学校。

陈鹤琴，1918 年获哥伦比亚大学教育硕士学位。回国后积极倡导乡村教育。20 年代中期，他积极支持陶行知办晓庄学校。又与人合办樱花村幼稚园，开辟乡村幼稚教育。1928～1936 年他担任上海工部局华人教育处处长。在任期间，创办了 8 所小学、1 所女子中学，并在工人区开办职工夜校；推行简易小学，后来又在江西创办实验幼师。

汪德亮，1926 年自清华学校毕业后，赴美留学。1931 年回国，任武汉大学教授，并担任平教会社会教育部主任。

陈德山，留美，担任平教会总会文学部主任。

郑锦，留日，担任视听教育部主任。

冯锐，美国康乃尔大学农学博士，担任平教会生计教育部主任。

陈志潜，毕业于美国哈佛大学，担任卫生教育部主任。

汤茂如，美国哥伦比亚大学教育硕士，担任平教会城市教育部主任。

李景汉，美国哥伦比亚大学社会学硕士，担任统计调查部主任。

刘招，美国农阿华大学博士，担任城村工艺部主任。

谢扶雅，留美，担任平教会秘书长。

姚基石，留美，担任平教会生计教育部主任。

孙伏园，留法，担任平教会创办的《农民报》主编。

熊佛西，美国哈佛大学博士，曾任国立戏剧学校校长，参加平教会工作，导演农民题材戏剧。

瞿世英，美国哈佛大学博士，担任平教会文学部干事。

从上面介绍可以看出，从事平教会的骨干人物大都是留美学生，此外，还有少数留日、留法学生。

到 1928 年，全国各省共成立平民教育促进分会 19 处，特别区分会 3 处，市分会 20 余处，全国乡村平教会 150 余处。《平民千字课》教材发行 360 万册，全国平民学校毕业生 300 多万。抗战爆发后，平教会总部迁往长沙。平教会在湖南衡山县、四川新都县、璧山县继续从事平民教育工作。1936 年，晏阳初在湖南创办衡山乡村师范，自任校长；1940 年在重庆创办中国乡村建设育才院，1945 年扩大为四年制大学，命名为中国乡村建设学院。

由于晏阳初推行平民教育的巨大贡献，1943 年在纽约纪念哥白尼地动说 400 周年大会上，晏阳初被国际学术界推选为"世界上为社会贡献最大、影响最大的十大名人"之一，与爱因斯坦、杜威同时当选。

清末和民国时期，西方教育学说和教育方法也相继传入中国。影响较大的有杜威的实用主义教育学说、赫尔巴特派的"五段教学法"、美国的道尔顿制、法国的智力测验法等。这些学说和方法的引进，也有留学生的一份贡献。如在中国宣传并推行智力测验法的是廖世承、陈鹤琴、陆志韦等人均是留美学生。廖世承曾获美国哥伦比亚大学教育学硕士，勃朗大学哲学博士学位。陈鹤琴曾获美国哥伦比亚大学硕士学位。陆志韦是美国芝加哥大学哲学博士。1920 年，廖世承、陈鹤琴在南京高等师范任教，开始用智力测验考试投考学生，并在教育科中讲授心理测验。同年，廖、陈等合编的《智力测验法》出版。后来，陆志韦、俞子夷、廖世承、陈鹤琴等又合著了《测验概要》一书，在教育界推广智力测验法。又如在中国宣传道尔顿制的舒新城虽然不是留学生，但他也承认，他的教育思想"一半是从阅读若干英美教育书籍而来"。晏阳初曾经指出："现在所谓'新教育'，并不是新的产物，实在是从东西洋抄袭来的东西。日本留学生回来办日本的教育；英美留学生回来办英美的教育。"由此，我们不难看出留学生在中国新式教育中的地位。

其次，留学生是新式教育师资的主要来源。科举制度废除后，知识分子走出了"学而优则仕"的独木桥，就业选择趋向多元化。不过清末和民国时期，中国的生产力非常低下，产业不发达，科学文化事业也很落后，这在客观上又制约了知识分子的就业选择的范围。留学生回国后，就业的主要是从政或教书。尤其教育界是留学生最集中的地方。著名教育家舒新城在其所著的《近代中国留学史》一书中指出："高等教育界之人员十分之九以上（据民国十四年东南大学、北京师大同学录）为留学生……高等以上学校之科学教师，更无非留学生，现在国内学校科学教师、科学用品与科学教科书者，亦莫不由留学生间接直接传衍而来。此为留学生成绩之最显著者。"舒新城是清末民初有名的教育家，但他本人没有留过学，他对留学生所做的这个评价自然是有道理的，并非泛泛吹捧之言。据1936年10月的统计，当时全国专科以上学校教职员总数为 11400 人，其中留学生出身的有 5004 人，占教师总数的 43.9%。从 1941 年开始国民政府教育部对全国专科以上学校教师作资格审查，其中，1941 年 2 月至 1944 年 3 月间审查合格的教授、副教授为 2488 人，各科教授、副教授中留学生出身者所占比例见表 3。

表 3 各科教授、副教授中留学生人数及比例

科　　别	教授、副教授人数	留学生出身人数及所占比例（%）	
文　科	481	259	53.8
理　科	532	431	81
法　科	339	300	88.5
教　育	199	154	77.4
农　科	256	232	90.6
工　科	325	252	77.5
商　科	117	96	82
医药科	191	152	79.6
艺术科	48	37	77
合　计	2488	1913	76.8

由表 3，我们不难看出，留学生确实是中国高等教育的主体力量。

另有人对 1935 年出版的《当代中国名人录》进行统计发现，在该书收录的 1103 位教育界名人中，在国内接受新旧教育出身的只有 199 人，占 18%；而留学生出身的多达 904 人，占 82%。其中留美学生又占了 51%。中国近现代最著名的教育家中，十有八九均是留学生出身。如马君武（德国柏林大学工学博士）、马寅初（哥伦比亚大学博士）、王世杰（法国巴黎大学法

学博士）、王亚南（留日）、毛礼锐（英国伦敦大学、美国密执安大学硕士）、丰子恺（留日）、邓初民（日本东京法政大学）、邓萃英（日本东京高等师范学校）、叶企孙（哈佛大学物理学博士）、过探先（留美）、成仿吾（日本东京帝国大学）、许崇清（日本帝国大学）、刘佛年（留学英、法）、刘湛恩（美国哥伦比亚大学博士）、汤用彤（美国哈佛大学哲学硕士）、唐敖庆（哥伦比亚大学博士）、杨昌济（留学日本、英国）、严济慈（法国国家科学博士）、苏步青（日本东北帝国大学理学博士）、李达（日本东京第一高等师范）、李大钊（日本东京早稻田大学）、李石曾（留法）、李仪祉（德国柏林大学）、李登辉（美国耶鲁大学学士）、吴玉章（东京第六高等学校、法国巴黎法科大学）、吴有训（美国芝加哥大学博士）、吴贻芳（美国密执安大学博士）、邹鲁（日本早稻田大学）、何炳松（留美）、何干之（留日）、张伯苓（美国哥伦比亚大学）、陈岱孙（留美）、陈望道（留日）、陈鹤琴（美国哥伦比亚大学硕士）、茅以升（美国加利基理工学院工学博士）、范源廉（留日）、林砺儒（日本东京高等师范学校）、罗家伦（留学美国、英国、德国、法国等）、周培源（美国加利福尼亚州理工学院博士）、周鲠生（日本早稻田大学）、竺可桢（哈佛大学博士）、金善宝（留美）、经亨颐（东京高等师范学校）、胡适（哥伦比亚大学哲学博士）、胡先骕（留日）、胡刚复（美国哈佛大学哲学博士）、俞庆堂（留美）、晏阳初（留美）、钱伟长（加拿大多伦多大学博士）、徐

167

特立（留法）、徐悲鸿（留法）、郭秉文（美国哥伦比亚大学博士）、唐国安（留美）、唐敖庆（美国哥伦比亚大学博士）、陶行知（留美）、萧友梅（留日）、梁希（留日）、章鸿钊（东京帝国大学）、蒋梦麟（美国哥伦比亚大学哲学博士）、鲁迅（留日）、傅抱石（留日）、童第周（留学比利时、法国）、蔡翘（留美）、蔡元培（留德）、廖世承（美国勃郎大学博士）、熊庆来（留学比利时、法国）、熊佛西（哈佛大学硕士）、潘光旦（留美）、潘菽（芝加哥大学博士）、江隆基（日本明治大学）、韦悫（芝加哥大学哲学博士）。

参考书目

1. 实藤惠秀著，谭汝谦、林启彦译《中国人留学日本史》，三联书店，1983。

2. 李喜所著《近代中国的留学生》，人民出版社，1987。

3. 黄新宪著《中国留学教育的历史反思》，四川教育出版社，1991。

4. 王奇生著《中国留学生的历史轨迹》，湖北教育出版社，1992。

5. 留学生丛书编委会编著《中国留学史萃》，中国友谊出版公司，1992。

6. 刘真主编、王焕琛编著《留学教育——中国留学教育史料》1～5册，1980。

7. 陈学恂、田正平编《留学教育》，上海教育出版社，1991。

8. 舒新城编《中国近代教育史料》，人民教育出版社，1961。

9. 张允侯、殷叙彝、李峻晨等编《留法勤工俭学运动》1～2册，上海人民出版社，1980、1986。

10. 清华大学中共党史教研组编《赴法勤工俭学运动史料》1~3册，北京出版社，1979、1980、1981。

《中国史话》总目录

系列名	序号	书名	作者	
物化历史系列（28种）	25	陵寝史话	刘庆柱	李毓芳
	26	敦煌史话	杨宝玉	
	27	孔庙史话	曲英杰	
	28	甲骨文史话	张利军	
	29	金文史话	杜勇	周宝宏
	30	石器史话	李宗山	
	31	石刻史话	赵超	
	32	古玉史话	卢兆荫	
	33	青铜器史话	曹淑芹	殷玮璋
	34	简牍史话	王子今	赵宠亮
	35	陶瓷史话	谢端琚	马文宽
	36	玻璃器史话	安家瑶	
	37	家具史话	李宗山	
	38	文房四宝史话	李雪梅	安久亮
制度、名物与史事沿革系列（20种）	39	中国早期国家史话	王和	
	40	中华民族史话	陈琳国	陈群
	41	官制史话	谢保成	
	42	宰相史话	刘晖春	
	43	监察史话	王正	
	44	科举史话	李尚英	
	45	状元史话	宋元强	
	46	学校史话	樊克政	
	47	书院史话	樊克政	
	48	赋役制度史话	徐东升	

系列名	序号	书　名	作　者
制度、名物与史事沿革系列（20种）	49	军制史话	刘昭祥　王晓卫
	50	兵器史话	杨　毅　杨　泓
	51	名战史话	黄朴民
	52	屯田史话	张印栋
	53	商业史话	吴　慧
	54	货币史话	刘精诚　李祖德
	55	宫廷政治史话	任士英
	56	变法史话	王子今
	57	和亲史话	宋　超
	58	海疆开发史话	安　京
交通与交流系列（13种）	59	丝绸之路史话	孟凡人
	60	海上丝路史话	杜　瑜
	61	漕运史话	江太新　苏金玉
	62	驿道史话	王子今
	63	旅行史话	黄石林
	64	航海史话	王　杰　李宝民　王　莉
	65	交通工具史话	郑若葵
	66	中西交流史话	张国刚
	67	满汉文化交流史话	定宜庄
	68	汉藏文化交流史话	刘　忠
	69	蒙藏文化交流史话	丁守璞　杨恩洪
	70	中日文化交流史话	冯佐哲
	71	中国阿拉伯文化交流史话	宋　岘

系列名	序号	书　名	作　者
	72	文明起源史话	杜金鹏　焦天龙
	73	汉字史话	郭小武
	74	天文学史话	冯　时
	75	地理学史话	杜　瑜
	76	儒家史话	孙开泰
	77	法家史话	孙开泰
	78	兵家史话	王晓卫
思想学术系列（21种）	79	玄学史话	张齐明
	80	道教史话	王　卡
	81	佛教史话	魏道儒
	82	中国基督教史话	王美秀
	83	民间信仰史话	侯　杰
	84	训诂学史话	周信炎
	85	帛书史话	陈松长
	86	四书五经史话	黄鸿春
	87	史学史话	谢保成
	88	哲学史话	谷　方
	89	方志史话	卫家雄
	90	考古学史话	朱乃诚
	91	物理学史话	王　冰
	92	地图史话	朱玲玲

系列名	序　号	书　名	作　者
文学艺术系列（8种）	93	书法史话	朱守道
	94	绘画史话	李福顺
	95	诗歌史话	陶文鹏
	96	散文史话	郑永晓
	97	音韵史话	张惠英
	98	戏曲史话	王卫民
	99	小说史话	周中明　吴家荣
	100	杂技史话	崔乐泉
社会风俗系列（13种）	101	宗族史话	冯尔康　阎爱民
	102	家庭史话	张国刚
	103	婚姻史话	张　涛　项永琴
	104	礼俗史话	王贵民
	105	节俗史话	韩养民　郭兴文
	106	饮食史话	王仁湘
	107	饮茶史话	王仁湘　杨焕新
	108	饮酒史话	袁立泽
	109	服饰史话	赵连赏
	110	体育史话	崔乐泉
	111	养生史话	罗时铭
	112	收藏史话	李雪梅
	113	丧葬史话	张捷夫

系列名	序号	书　名	作　者	
	114	鸦片战争史话	朱谐汉	
	115	太平天国史话	张远鹏	
	116	洋务运动史话	丁贤俊	
	117	甲午战争史话	寇伟	
	118	戊戌维新运动史话	刘悦斌	
	119	义和团史话	卞修跃	
	120	辛亥革命史话	张海鹏	邓红洲
	121	五四运动史话	常丕军	
	122	北洋政府史话	潘荣	魏又行
	123	国民政府史话	郑则民	
近代政治史系列（28种）	124	十年内战史话	贾维	
	125	中华苏维埃史话	杨丽琼	刘强
	126	西安事变史话	李义彬	
	127	抗日战争史话	荣维木	
	128	陕甘宁边区政府史话	刘东社	刘全娥
	129	解放战争史话	朱宗震	汪朝光
	130	革命根据地史话	马洪武	王明生
	131	中国人民解放军史话	荣维木	
	132	宪政史话	徐辉琪	付建成
	133	工人运动史话	唐玉良	高爱娣
	134	农民运动史话	方之光	龚云
	135	青年运动史话	郭贵儒	
	136	妇女运动史话	刘红	刘光永
	137	土地改革史话	董志凯	陈廷煊
	138	买办史话	潘君祥	顾柏荣
	139	四大家族史话	江绍贞	
	140	汪伪政权史话	闻少华	
	141	伪满洲国史话	齐福霖	

系列名	序号	书名	作者
近代经济生活系列（17种）	142	人口史话	姜 涛
	143	禁烟史话	王宏斌
	144	海关史话	陈霞飞 蔡渭洲
	145	铁路史话	龚 云
	146	矿业史话	纪 辛
	147	航运史话	张后铨
	148	邮政史话	修晓波
	149	金融史话	陈争平
	150	通货膨胀史话	郑起东
	151	外债史话	陈争平
	152	商会史话	虞和平
	153	农业改进史话	章 楷
	154	民族工业发展史话	徐建生
	155	灾荒史话	刘仰东 夏明方
	156	流民史话	池子华
	157	秘密社会史话	刘才赋
	158	旗人史话	刘小萌
近代中外关系系列（13种）	159	西洋器物传入中国史话	隋元芬
	160	中外不平等条约史话	李育民
	161	开埠史话	杜 语
	162	教案史话	夏春涛
	163	中英关系史话	孙 庆

系列名	序号	书　名	作　者
近代中外关系系列（13种）	164	中法关系史话	葛夫平
	165	中德关系史话	杜继东
	166	中日关系史话	王建朗
	167	中美关系史话	陶文钊
	168	中俄关系史话	薛衔天
	169	中苏关系史话	黄纪莲
	170	华侨史话	陈　民　任贵祥
	171	华工史话	董丛林
近代精神文化系列（18种）	172	政治思想史话	朱志敏
	173	伦理道德史话	马　勇
	174	启蒙思潮史话	彭平一
	175	三民主义史话	贺　渊
	176	社会主义思潮史话	张　武　张艳国　喻承久
	177	无政府主义思潮史话	汤庭芬
	178	教育史话	朱从兵
	179	大学史话	金以林
	180	留学史话	刘志强　张学继
	181	法制史话	李　力
	182	报刊史话	李仲明
	183	出版史话	刘俐娜
	184	科学技术史话	姜　超

系列名	序号	书名	作者
近代精神文化系列（18种）	185	翻译史话	王晓丹
	186	美术史话	龚产兴
	187	音乐史话	梁茂春
	188	电影史话	孙立峰
	189	话剧史话	梁淑安
近代区域文化系列（一一种）	190	北京史话	果鸿孝
	191	上海史话	马学强　宋钻友
	192	天津史话	罗澍伟
	193	广州史话	张　苹　张　磊
	194	武汉史话	皮明庥　郑自来
	195	重庆史话	隗瀛涛　沈松平
	196	新疆史话	王建民
	197	西藏史话	徐志民
	198	香港史话	刘蜀永
	199	澳门史话	邓开颂　陆晓敏　杨仁飞
	200	台湾史话	程朝云

《中国史话》主要编辑
出版发行人

总 策 划	谢寿光	王 正	
执行策划	杨 群	徐思彦	宋月华
	梁艳玲	刘晖春	张国春
统 筹	黄 丹	宋淑洁	
设计总监	孙元明		
市场推广	蔡继辉	刘德顺	李丽丽
责任印制	岳 阳		